AF341062

Clef de Cléon

Cléon	le C.
Inciolino	joli connin
Vicaire	le doigt du milieu
Per. ministre	la tête
Najirola	la Raison
Mentegius	le Jaquemin
Damichois	Godmichris
Sonetti	Petit C.
Dieu de Lampsaque	Priàpe
fer vietd	v. de fer
casronne	connasse
Vramnio	matrone
muta	Déesse du Silence
Stasievo	tout défait
Lasirati	v. Sassé
Billadure	v. durable
Matolite	v. molu
Rubego	Bougre
maia	mère de mercure

CLEON,

RHÉTEUR CYRÉNÉEN,

OU

APOLOGIE

D'UNE PARTIE

DE L'HISTOIRE

NATURELLE.

TRADUIT DE L'ITALIEN.

Ille meos, primus qui me sibi junxit, amores
Abstulit. *Virg. Ænæid. 4. v. 28.*

A AMSTERDAM.

1750.

AVERTISSEMENT

DU

TRADUCTEUR.

CE livret, pour être entendu de bien des gens qui ne feront nulle réflexion au titre, auroit eu besoin d'une Préface ; je n'en ferai cependant point : la plûpart imaginent que c'est un froid étalage des peines qu'on a prises, ou d'ennuieuses excuses des fautes qu'on a faites ; ils ne la liroient pas. Ce n'est donc qu'au petit nombre des Lecteurs attentifs que cet avertissement est adressé : plus équitables sans doute, ils ne trouveront pas étrange que je fasse une légère mention du soin que j'ai pris pour conserver les beautés de l'Origi-

* 2

nal, & de la crainte où je suis de
n'avoir pas réussi.

Je me suis plus attaché à l'idée de
l'Auteur qu'à la hardiesse des figures dont il s'est servi pour l'exprimer. Je sçai qu'une pensée n'est belle
qu'autant qu'elle est juste ; que la
manière d'écrire la plus naturelle
est la meilleure, & qu'on ne s'écarte
de la noble simplicité des Anciens,
que par foiblesse de génie ; c'est ce
qui m'a fait négliger les jeux de
mots, les pointes, les quolibets, &
tous les Concetti dont notre Apolo-
giste est plein, suivant le goût des
meilleurs Ecrivains de sa Nation.

Au risque de le défigurer tout-
à-fait, je n'ai imité son stile que
de fort loin. On donne dans le faux
quand on affecte le brillant : on ne
peut éviter l'enflûre quand on veut
s'élever au pompeux.

La Langue Italienne ressemble à une coquette fardée, qui veut plaire à force de pompons, & de petites mignardises ; la nôtre est une beauté sage & modeste, qui plaît sans le vouloir, & dont les graces naturelles font le principal ornement. Quelle témérité seroit-ce de leur prêter le même langage ! aussi ne l'ai-je pas fait ; mais il falloit en avertir.

Je n'ai point lû le opere burlesche di M. Francesco Berni , di M. Gio della Casa , del Varchi, del Mauro, di M. Bino, del Molsa , del Bolce *&* del Firenzuola ; *imprimées à Florence en* 1548 *, le* Boccalini *m'aprend seulement que sous l'allégorie du* four, *des* figues, *& de la* fève, Jean de la Case, le Molsa , *&* le Mauro , *dans leurs* Capitoli , *ont décrit en vers le commerce secret dont* CLEON *fait l'his-*

toire en profe : peut-être eft-ce la moitié du livre d'Antoine Panormita,
dont le manufcrit a été long-tems
dans la Bibliotéque du Grand Duc.

Que l'Auteur de cette Apologie
prétendue foit mâle ou femelle, il
n'importe : quoique l'un foit plus pro-
bable que l'autre, l'alternative eft
indifférente ; quel qu'il foit, il a
une parfaite connoiffance des Poë-
tes & des bons Hiftoriens, à ce qu'il
m'a femblé.

Il lui arrive quelquefois d'emplo-
yer dans la même phrafe des méta-
phores tirées du négoce, du péleri-
nage & de la dévotion. La confu-
fion de ces différentes figures réla-
tives au même objet, ne peut manquer de répandre l'obfcurité dans
plufieurs endroits de la narration,
qui ne fe trouveroit pas mal d'un
Commentaire ; mais ne faut-il rien

laiſſer à deviner au Lecteur? ce ſeroit trop ſe défier de ſa pénétration
que de vouloir tout éclaircir.

Je n'ai pas jugé à propos de tra-
duire le titre des trois parties de
l'hiſtoire de Cléon, ni les noms propres qui s'y rencontrent, ſoit parce
que leurs ſignifications n'ont qu'un
raport trés-éloigné au ſujet , ſoit
parce que la tranſpoſition & le de-
rangement des lettres dans pluſieurs, m'ont ſemblés renfermer quelque fineſſe que j'abandonne aux
Anagrammatiſtes , comme aux
amateurs de ces pénibles misères.

Il y a deux cens ans que ces ſortes
d'allégories étoient fort à la mode.
Malgré le mauvais état du manuſ-
crit, & les lacunes qui s'y trouvent,
je ne crois pas cet ouvrage auſſi âgé.
Si l'Auteur les y a laiſſées pour lui
donner un air d'antiquité , je n'ai

pas tout-à-fait secondé son dessein, car j'ai pris la liberté de les remplir toutes, à l'exception d'une seule. Cette supercherie est si usée !

Reste à prévenir les reproches qu'on pourroit me faire d'en avoir donné la Traduction. Indépendamment du goût du siécle, de la licence qui y régne, & de l'exemple des plus grands hommes qui ont écrit sur de pareilles matières avec moins de ménagement : si l'on remarque comme on le doit, qu'il contient moins une apologie qu'une satyre du vice, souvent malheureux & toujours méprisé, je n'aurai rien à craindre.

LE CAHOS

LE
CAHOS.

L E CAHOS & la nuit m'ont
donné l'être , comme à l'a-
mour la force & le mouve-
ment intérieur d'une matière
féconde , défignée par l'œuf *d'Orphée* ,
qui contenoit le germe de tous les corps
organiques, ont produit mon exiftence
comme la fienne. C'eft en conféquence
des dévelopemens fucceffifs ménagés
fuivant l'ordre de la nature , & pro-
portionnés à fes befoins , que nous
jouiffons l'un & l'autre de la lumière.
S'il eft la fource des plaifirs , j'en fuis

à le

le canal, il ne peut rien fans moi : c'eſt
de notre union que dépend la conſer-
vation & la félicité des hommes.

Leur aveuglement plûtôt que leur
réconnoiſſance, nous a fait dreſſer des
Autels : cependant nous ne ſommes
point des Dieux. Les Dieux ſont eſ-
ſentiellement heureux, & nous cher-
chons toûjours à le devenir. L'indépendance eſt leur partage, ſouvent
l'eſclavage eſt le notre. Ils ſont ſuffi-
ſants à eux-mêmes, & nous ſoupirons
continuellement pour un bien qui dépend d'une infinité de circonſtances
étrangères. Maîtres de leurs cœurs,
& leur donnant, pour ainſi dire, une
nouvelle vie par les ſentimens que
nous leur inſpirons, nous ſommes
l'ame de leur ame, ils nous adorent
comme des Divinités ; nous n'eſſayons
pas de les détromper d'une opinion
qui nous eſt ſi avantageuſe.

Qu'Hercules, *Prométhée*, *Ogyges*,
Deucalion, ou quelqu'autre nous ait
conſervé malgré le déluge ; il eſt certain que nous ſommes auſſi anciens
qu'aucun être penſant. Nous ne tirons
pas vanité de notre origine, tout ce
qui

qui exiſte, eſt de la même datte à peu près, & de la même antiquité, mais c'eſt par les talents que nous la faiſons valoir, & que nous lui donnons du relief.

Une longue ſuite d'ayeux, illuſtres par la haute réputation qu'ils ont acquiſe, eſt l'effet du hazard, & ne doit ennorgueillir perſonne. Tant d'autres objets nous rendent recommandables, que nous abandonnons volontiers celui-là au préjugé, à la faveur duquel on imagine, qu'une naiſſance diſtinguée tient lieu de mérite & de vertu. Les guerres que nous avons ſoutenuës, les traités que nous avons conclus, les Empires que nous avons fondés, ceux que nous avons détruits, les nations qui nous ont été immolées, tant d'autres que nous avons rendus heureuſes, les hommes dont nous avons peuplé la terre, les héros que nous avons formés, l'influence que nous avons ſur les mœurs, les réligions; en un mot ſur la ſurface entière de ce globe, & qui n'eſt point arrêté par les abymes de l'occéan, ſont des trophées plus glorieux, plus durables, & les ſeuls dignes de nous.　　　á 2　　　Nulle

Nulle intrigue , nulle affaire , où quelqu'un des nôtres ne foit mêlé , tout eft foumis à notre Empire ; les Mufes même fans nous auroient peu de puiſſance ; & fi les Auteurs à la mode étoient de bonne foi , ils conviendroient que c'eft à l'impreſſion que nous avons faite , ou aux défirs de meriter nos faveurs & nos aplaudiſſemens, que l'on doit leurs ouvrages les plus eftimés.

Il n'eft pas étonnant qu'un pouvoir auſſi grand ait porté les hommes à nous rendre des hommages continuels, un culte aſſidu ; nous fommes leurs Idoles. Tantôt comme à *Baal* , ils fe confacrent à nous avec l'ardeur de la plus vive flamme ; quelque-fois comme à *Moloch* , ils nous offrent les victimes qui nous font propres , les mains encor fumantes du plus pur de leur fang ; fouvent comme à *Bel* , les repas & les feftins font témoins des honneurs divins qu'ils nous rendent.

Plufieurs Philofophes nous regardent comme l'ame du monde , le confervateur des chofes dont la nature emprunte fa force ; il eft vrai qu'ils

nous

nous fupofent dans l'état de perfection pour lequel on nous a fait, c'eſt-
à-dire, réünis à ce dont on nous a fe-
paré lors du dévélopement originel;
car il eſt un premier principe, principe actif, Auteur de la nature, même fource de plaiſir & de vie ; feul
objet auquel nous tendons fans ceſſe.

Si l'ame eſt, felon les plus éclairés de
ces Philofophes, une nature dans un
mouvement continuel, l'acte fingulier
d'un corps organique , une propor-
tion numerale, une harmonie élémen-
taire, une fenfibilité mutuelle, un
exercice commun de fentiment ; eſt-il
befoin de fe fatiguer l'efprit pour lui
trouver une place ? on ne peut la loger
autre part que chez nous , fur-tout
ayant égard en quelque façon au fentiment des *Stoïciens* qui la diviſent en
autant de parties qu'il y a de fens.
Perfonne n'ignore avec combien de
zèle & d'attention, de force, & d'activité les fens fe réünifſent pour travailler de concert à notre fatisfaction dans une dépendance abfoluë.

Mais c'eſt trop s'arrêter à des con-
fidérations générales que l'on trouvera

peut-

peut-être exagérées faute d'examen ;
nous ne perdrons rien à détailler , en
expofant de bonne foi nos affujettif-
femens ; nos plaifirs en paroîtront plus
vifs. L'imperfection donne du relief
au mérite , la maladie donne un prix
à la fanté , le vice donne un éclat à
la vertu.

Quoique le Créateur ait doüé fes
ouvrages de toutes les beautés & de
toutes les perfections dont ils étoient
fufceptibles , il y a fouffert quelques
défauts , dans la crainte que l'homme
timide n'en fût ébloüi , & ne leur ren-
dît un culte qui n'eft dû qu'à la Divinité : mais fa prudence devient fouvent inutile par celle que nous pre-
nons à les cacher , & grace à la foibleffe des vûës & des connoiffances
humaines , nous joüiffons des honneurs
dont je viens de parler , prefque fans
critique.

Affociés aux mêmes travaux , unis
aux mêmes fonctions , nous n'arrivons
pas au même but. Souvent nous paffons
la vie dans une indolence pareffeufe.
nous exiftons fans vivre , nous vége-
tons. Quelque-fois efclaves d'un préjugé

jugé ridicule, nous renonçons à des biens réels pour en mériter d'imaginaires. Victimes de la crainte & de l'obéïssance, nous nous arrêtons à des secours stériles, sans oser secoüer le joug qu'on nous impose, & nous saisissons un objet frivole qui ne peut procurer de solides plaisirs. Loin de nous ces êtres inutiles à la terre, les uns sont méprisables, les autres font pitié, ils sont tous à plaindre.

Plus ambitieux, plus adroits, plus intelligens, communiquons nos feux à tout ce qui nous aproche ? qu'une foule de désirs vole sur nos pas ? qu'un mélange de rigueur & de complaisance retienne sans cesse nos adorateurs dans un équilibre d'espérance & de crainte ? jouïssons quelque-fois du plaisir qu'il y a de s'amuser d'une ardeur sans la satisfaire ; mais n'employons de finesse, & d'hipocrisie que vis-à-vis de ceux à qui nous sommes surs d'en imposer. Ne nous laissons deviner qu'à propos. Tendres mouvemens, attitudes nouvelles, transports charmans, n'épargnons rien pour seconder les desseins de la Providence, enfin par un manége

étudi é

étudié , un artifice officieux , des attraits féduifants , une agilité infatigable , affurons-nous des fuccès les moins
interrompus , foyons toûjours fécondés
par mille graces naturelles ou emprun-
tées , & méritons les plus grands
éloges.

Rien n'eft indifférent dans la conduite ordinaire des perfonnages illuf-
tres , les plus petites circonftances font
en droit de plaire , à plus forte raifon
celles qui découvrent leurs mœurs &
leur caractère. Je ne dois donc pas
paffer fous filence, que nous fommes
grands tolerants en matière de réligion.
Nous regardons toute contrainte comme une fource de divifion & de défordre , dont nous fommes ennemis , la
douceur fait le fond de notre caractère , nous ne fommes point contra-
riants ; jamais de querelle entre nous
fur la manière de fervir la Divinité, &
de fe la rendre propice ; à l'exception
de quelques cérémonies qui ne peuvent varier , chacun à fon rit & fon
ufage particulier : nous croyons l'hon-
norer davantage , par la différence de
notre culte.

Cet

Cet honneur réligieux se termine au plaisir seul comme à sa fin nécessaire, nous lui sacrifions tout ; nos sacrifices seroient condamnables, si d'autres principes les déterminoient, puisqu'ils ne sont permis que comme étant la suite ordinaire de son pouvoir souverain, & de notre soumission parfaite.

Les aspersions, retranchemens, ablutions, fumigations & autres pieuses cérémonies que l'astre de la nuit, par exemple, exige de nous réguliérement pendant le tems le plus précieux de notre vie, sont toûjours accessoires, relatives au culte principal. Elles ne sont regardées que comme des dispositions aux myftères, & de bonnes préparations pour y participer dignement.

Que les hommes faffent quelque attention au penchant invincible qu'ils ont pour le plaisir notre divinité unique. Qu'ils réfléchiffent à celui qui eft attaché aux actions néceffaires, à la variété infinie avec laquelle il fe répand par tout, aux nœuds charmants qui les en rendent fi fufceptibles, & les y attachent fi fort ; ils conviendront fans peine que leur réligion au fond n'eft pas différente de la notre, que nous agissons plus raisonnablement, & que nous sommes plus conséquents que la plûpart d'entre eux.

Le caprice & l'inconstance dont ils nous soupçonnent, ne nous peuvent être reprochés sans témérité. Sommes-nous capables d'agir, ou de ne pas agir en conséquence de notre choix ? pouvons-nous suspendre nos désirs, & en rétarder la marche pour les comparer les uns avec les autres ? l'humeur qui nous domine décide de nos actions. Quand nous nous laissons emporter par notre fantaisie, c'est dans l'espérance d'une situation plus agréable, d'un bonheur plus grand. L'ennui du repos qui nous accable, la privation d'un bien qui nous chagrine, le charme d'un sentiment inconnu qui nous séduit, le ressort secret qui nous meut, le désir violent qui nous presse, le goût d'un nouveau plaisir qui nous entraîne, l'inquiétude qui nous tourmente, ne nous laissent aucune liberté, & nous déterminent infailliblement. Nous sommes obligés en conscience de suivre les impressions qui

nous

nous portent aux plaifirs, ce font des graces efficaces par elles-mêmes auxquelles il n'eſt pas en notre pouvoir de réſiſter. Ces reproches d'ailleurs peuvent être rétorqués , & nous les ferions avec plus de juſtice.

Un portrait plus racourci & mieux frapé feroit peut-être plus agréable ; mais comment faire , notre vie eſt ſi cachée, nous ſommes ſi génés par de maudites *Muſelieres* , nous nous montrons ſi rarement , qu'à l'exception de quelque amateur , ou de quelque curieux , notre phiſionomie eſt prefque inconnuë. . . . .

. . . . .
. . . . *Hiatus in M. S.*

La fin du langage étant de faire connoître ſes idées & de les faire entrer dans l'eſprit d'autrui par le moyen des mots propres qui en font les ſignes ; avec une connoiſſance aſſez exaϵte de ma langue , une expérience fort longue & tout-à-fait maître de mon ſujet, je pouvois eſperer de peindre comme il faut , & de tracer les beautés dont la nature nous a comblé ; mais mes con-

é 2   freres

fréres souffriront-ils que je prenne la liberté de traiter une matière auffi délicate ? ne me fçauront-ils pas mauvais gré de révéler des myftère s fecrets avéc tant d'indifcrétion ; car il faut entrer en un certain détail , & ne rien oublier pour que le portrait nous reffemble. Si je dis la vérité fans précaution , ils me feront une querelle , & une querelle jufte , puifque la vérité toute nuë n'eft faite que pour quelques mortels privilégiés , quelques fages de la terre qui peuvent la confidérer fans déchet : un voile myftérieux doit la dérober aux yeux du plus grand nombre ; parce que fans ceffe occupé de confidérarions baffes , il n'eft pas propre à la regarder fixement. C'eft la prophaner que de la rendre commune , je le fçais.

Si d'un autre côté je m'explique à la façon des *Egyptiens* , c'eft-à-dire, par des emblêmes , par des figures, par des propos ambigus , & peut-être contradictoires , je me rendrai obfcur. Cela eft d'une grande conféquence, en ce que plus on parle aux hommes avec obfcurité , plus les hommes fou-

mis

mis & incapables d'examen, se prêtent à l'admiration, de l'admiration au respect, il n'y a qu'un pas, & voilà le danger; car le respect est la chose du monde que nous redoutons le plus, & qui nous convient le moins.

Je crois donc que le plus simple est de donner mon Histoire particuliére; il sera aisé par-là de juger des autres qui n'auront aucun prétexte de m'acuser des imputations & des omissions; ils seront à couvert, tout tombera sur moi. Je suis dans un âge où la critique & le respect me sont indifférents, mais où je puis encore écouter certaine démengeaison; celle d'écrire est à la mode, pourquoi n'y céderois-je pas ? si je puis sur-tout amuser les uns & instruire les autres. Tous les Auteurs à petite brochûre, n'ont pas un objet si légitime, un dessein aussi raisonnable.

En justifiant mes démarches équivoques, en excusant mes étourderies prétenduës, en faisant voir la nécessité de mes complaisances multipliées, en raportant les dispositions de mon ame dans des situations critiques, en met-

tant

tant mes avantures à un jour favorable ; j'acheverai au moins indirectement l'apologie que je me suis proposée.

Je glisserai sur quelques circonstances, & j'en tairai plusieurs ; je n'aurois jamais fait si je voulois tout dire.

Pour la satisfaction des Lecteurs qui aiment l'ordre, je diviserai cet Ouvrage en différents âges ; ils dévineront d'abord les considérations qui m'obligent à suivre, tantôt le langage ordinaire, tantôt l'ancienne manière de Philosopher, qui consistoit à tout peindre sous le nom des Dieux, ou des passions *Personnifiées*.

Pour la netteté de la diction, la clarté du stile, & mon propre soulagement, je prendrai le genre convenable aux évènemens que j'ai à raconter ; je me travestirai en Déesse du bas étage; & afin que rien n'échape à leur pénétration, je ferai la description des *individus* de mon espéce, & de tout ce qui en dépend ; des possessions dont ils sont souverains, des palais qu'ils habitent, ou plûtôt des temples où ils sont adorés. A la différence près de

quel-

quelques fituations , qui varient en certains climats, de quelques proportions d'Architecture plus ou moins grandes , du terrain plus ou moins ferme , notre reſſemblance , notre figure eſt aſſez la même.

DESCRIPTION DE CLEON.

AU DESSUS d'une région connuë des Phiſiciens , dans un païs inacceſſible aux rigueurs de l'hiver , au milieu d'un verger ſi touffus que les rayons du Soleil n'en peuvent percer l'obſcurité , ſur le panchant d'une colline que les anciens ont conſacré à une Divinité , eſt un Temple, ou ſans le ſecours de l'art elle trouve ce qui lui eſt néceſſaire dans une ſimplicité admirable , & où elle habite le plus volontiers.

Deux rideaux doublés de ſatin couleur de feu , unis au bas par un petit cordon, de même couleur , le garantiſſent des injures de l'air. Des Naïades ſoigneuſes cachées derrière , en deffendent

dent

dent l'entrée aux lâches adorateurs, & couvrent la tête d'un petit *Sphinx*, placé au frontispice. Cette figure énigmatique est ornée de bas reliefs, ou mille amours badins ne paroissent s'occuper qu'à joüir des plaisirs qu'ils font naître.

Les jeunes Nimphes ont attention que les eaux d'un canal qui se trouvent immédiatement au-dessous ne, submergent un parterre, le plus souvent divisé en cinq compartiments, ornés de *Ranuncules*, de *Myrrhe*, & *d'autres fleurs*, qui bordent le passage sacré, espéce de chemin creux que prend le Sacrificateur.

Une hauteur d'apui sur un petit fossé revêtu des rideaux, qui se recroisent en cet endroit, indique la route à ceux qui ne seroient pas initiés; la pente est si naturelle & si aisée qu'un Novice ne peut s'y tromper. Ce chemin où l'on ne passe ordinairement que l'un après l'autre, tapissé par tout d'une étoffe ciselée extrêmement soyeuse, conduit au bas du Sanctuaire où le sacrifice s'achêve. Si le parfum de l'encens qu'on y brûle est agréé par la

Divinité

Divinité, & la rend propice, bien-tôt le bruit s'en répand, la Renommée faifant fes fonctions jufques-là par le moyen de deux trompettes, que le deftin y a placées, & dont Lofelpe fit la découverte dans les derniers fiécles.

L'édifice entier eft apuyé à deux groffes montagnes, réünies par un vallon étroit, à l'extrêmité duquel on trouve une grotte qui a fon Autel particulier ; mais comme il n'eft encenfé que par certains Hérétiques, ennemis trop méprifables de la réligion & de la nature. je ne ferai mention ni de leur impiété ni de la chimère qu'ils adorent. Le tout a pour bafes deux *colomnes* polies, apuyées fur un pied d'eftal d'ordre *Tofcan*. Elles font auffi admirables par leur mobilité furprenante que par la rareté & la richeffe de la matière.

Les contrées au-deffus de ce Temple contiennent différens Palais habités par la principale nobleffe, chargée de fonctions uniques. Le plus important d'entre ces nobles de la première claffe refide dans un appartement conftruit avec d'autant plus de folidité, qu'il eft obli-

gé par état de se donner des mouvemens perpétuels ; quelque considération qu'on ait pour lui , son inaction
seroit punie de mort. Malgré son autorité & la grandeur de son pouvoir , on
le chérit plus qu'on ne le craint ; car
quoiqu'il soit d'un naturel fier & san-
guinaire , il est capable de l'amour le
plus tendre , & propre sur tout à ces
épanchemens flatteurs dont la tendresse
fait usage , sans art & sans précaution.
Son langage est simple , ses expressions
vraïes ; c'est à qui méritera ses faveurs.

Le reste de la noblesse loge autour
de lui , & à son imitation remplit ses
devoirs en particulier sans se reposer
sur qui-qne ce soit, des soins qu'elle
doit prendre sans relâche pour la con-
servation & la prosperité de l'état : la
négligence ou la paresse produiroit des
désordres infinis. Ces Palais qui tiennent les uns aux autres , sont d'une
architecture élégante , & dignes de l'habile ouvrier qui les a bâtis ; mais on
ne les aperçoit presque pas , à cause de
deux autres petites montagnes qui les
cachent d'un côté , & fixent de l'autre

les yeux trop agréablement, pour qu'on puisse se resoudre à les en détourner.

Ce païs mérite bien qu'on s'y arrête. Il est gras & fertile, d'un pâturage excellent. On y respire l'air le plus pur ; mille fleurs nouvellement éclofes renaissent tour à tour pour y répandre une odeur charmante, la neige qui les couvre y entretient un printems continuel. Quoique leur sommet paroisse toûjours enflammé, il n'effraïe point les Pélérins que la dévotion attire ; c'est-là qu'ils allument leur flambeau, pour achever sans crainte de s'égarer dans la route qui leur reste à faire, par un chemin assez sombre. Elles relévent du Palais sacré, & font de sa mouvance particulière. L'agitation dont elles font susceptibles, l'émotion à laquelle elles font sujettes, le gonflement des parties fouterraines, les tremblemens qui y font fréquents, persuadent avec assez de fondement que la Divinité les anime & les protége. Au reste elles servent de reposoir en tous tems ; c'est un des plus frequentés.

Les aîles à droit & à gauche font le grand commun, les Intendans, Pour-

voyeurs

i

voyeurs, Valets de chambre, & autres bas Officiers, comme Joüeurs d'inftrumens, Ouvriers, &c. & les Miniftres font leur réfidence tout au deſſus, dans le pavillon en dôme dont la façade eft ovalle, & le derrière ſphérique. Cette partie eft fortifiée d'ouvrages à corne, fraiſés & paliſſadés par des ingénieurs modernes.

Le premier Miniftre loge auprès du chemin couvert avec toute ſa famille dans un appartement orné avec ſoin, & meublé avec les précautions qu'exige l'importance de ſes emplois. Surintendant général, l'adminiftration de toute l'économie lui eft confiée, Préfident du Conſeil d'Etat, les traités de guerre, de pacification, de ſociété, & de commerce ne regardent que lui; Sécrétaire des commandemens, les piéces d'eſprit juſqu'aux chanſons & aux madrigaux font de ſon reſſort.

La façade eft occupée au premier étage par le *Chancelier*, grand orateur, qui porte la parole en toute occafion & qui donne les ordres néceſſaires. Ce *Seigneur* d'un goût & d'un difcernement exquis eft confulté ſur les plus
petites

petites chofes. L'on auroit une entière confiance en lui , fi fa trop grande vivacité & fon indifcrétion ne donnoient de juftes fujets de s'en défier. Pour y mettre un frein , on a jugé à propos de lui prefcrire des bornes qu'il ne peut paffer ; on prétend même qu'il eft aux arrêts dans fa chambre. Il eft vrai que l'on adoucit fa contrainte par la liberté qu'il a de fe réjoüir avec fes amis , par le grand air & l'agrément de fon Palais, c'eft le feul qui foit environné d'une baluftrade d'yvoire, par la reffource de la converfation , de la mufique & des inftrumens dont il joüe, qui font d'un corail très recherché des curieux. Sa perte en effet feroit irréparable ; & indépendamment de fon utilité , il eft amufant on ne peut pas plus ; fes liaifons & fes habitudes lui donnant le moyen d'être inftruit de tous les difcours qui fe tiennent.

Il a deux voifins qui ne le quittent jamais. Efpions continuels & attentifs au moindre bruit , ils ramaffent les nouvelles, & les lui reportent à mefure qu'ils les entendent. De peur d'en échaper aucunes , ils font toûjours aux

écoutes

écoutes par leurs fenêtres, ou fur l'ef-
calier de leur porte ; & pour n'être
point aperçus ils ont grande attention
de fe tenir cachés dans les détours
obliques d'un labirinthe qui tient à
leur habitation. Il eft parfaitement fervi
à tous égards.

Le Parfumeur à caufe de fon mérite
éminent, à fon logement au milieu
du deuxiéme étage dans la faillie à deux
aifles, foutenuë d'une feule colomne.
Cet habile courtifan pourroit paffer
pour un flatteur déterminé par les baffes
complaifances qu'il a pour le premier
Miniftre, au délaffement & à l'amu-
fement duquel il confacre la meilleure
partie de fon tems. On n'oferoit cependant le critiquer tout haut, fa
charge eft unique ; il eft aimé de la
Déeffe fur tout depuis certaines pom-
mades qu'il a choifi pour la toilette,
& les différentes effences qu'il a four-
nies, c'eft lui qui a donné la vogue à
l'eau de miel, à l'eau de Chipre, &c.
D'ailleurs les Dames d'honneur deux
fœurs jumelles en grand crédit, lui
font fort attachées, & malgré la divifion où il fçait les entretenir, elles
tra-

travaillent toute leur vie à le faire valoir.

Les Gardes du Corps font dans les manfardes au troifiéme. On les a placé à la partie la plus élevée pour découvrir de plus loin. Les fuperbes & les humbles, les adducteurs & les indignateurs, les rotateurs, les circulaires, & les amoureux, font tour à tour le fervice avec une exactitude & une adreffe merveilleufe. Il eft rare de ne voir qu'une fentinelle en fonction; il en faut deux, y ayant deux poftes à garder. On démêle aifément par leur contenance les difpofitions bonnes ou mauvaifes de la Divinité à qui on veut facrifier. Les voyageurs ne manquent guéres de les confulter ; c'eft l'étoile polaire qui les guide. Si elles font de bon augure, ou peut s'en raporter à elles & continuer fa route. Ces Gardes en général ont des fignes certains par leur manteau, & leur fourrure en demi cercle fous laquelle ils font à couvert, pour donner l'ordre dont ils font chargés, & manifefter les volontés particulières. Leur langage eft d'une expreffion, d'une énergie, dont les difcours du Chancelier

celier, quelque habile Orateur qu'il foit , n'aprochent pas. Redoutés & cheris, ils font d'autant plus confidé- rés,que le premier Miniftre a fans ceffe befoin d'eux.

Refte le parapet au-deffous des pa- liffades , & des fortifications à la mo- de ; mais il eft tems de parler de moi.

INCIOLINO

INCIOLINO.

NOTRE Divinité prétenduë ne s'aquiert que par l'amour du plaisir ; cet amour demande un discernement & des réfléxions que l'expérience seule peut produire ; ainsi loin d'être une petite Déesse au berceau , je n'avois pas plus d'ame qu'une simple mortelle, en qui elle ne se manifeste que par dégrés , & qui ne peut se flatter d'en avoir une qu'à mésure des aquisitions qu'elle fait journellement. L'expérience étant l'origine & la source unique de nos connoissances , il est clair que j'étois

I. Partie.   A   très-

très-ignorante en venant au monde, mon ame avoit à peine de l'inftinct, oh ! que j'étois bête !

Cependant à force d'attention à m'infpirer de la curiofité, de foins, & de répétition, on parvint à mettre en mouvement les refforts propres aux organes qui me font fubordonnés. Alors ma maifon fe compofa, mes miniftres établirent & formérent leur magafin, mes officiers commencérent l'exercice de leurs charges, fi ce ne fut pas d'a-bord avec l'aifance & la facilité que donne l'habitude ; au moins fe mirent-ils en état de l'acquerir, & de fe perfec-tionner dans la fuite.

On n'imagineroit pas que mes états à la merci d'autrui loin de diminuer, augmentérent à vûë d'œil. Mon pere avoit pris des arrangemens fi juftes, il avoit fi bien difpofé les chofes, que mes poffeffions s'acrûrent, mes Palais s'embellirent, les déhors de mon Tem-ple parûrent cultivés, je gagnai du ter-rain, mes apartements s'agrandirent, je fus moins à l'étroit.

Mon ame errante jufques-là, ne s'étoit fixée nulle part. Son peu de lumière

mière ne m'éclairoit pas affez, pour la déterminer ; je fentois bien par certains mouvemens que mon Chancelier ne pouvoit expliquer , par une inquiétude fecrette dont mon premier Miniftre ne pouvoit rendre raifon , par un embarras équivoque , qu'il me manquoit quelque chofe pour être dans l'ordre. Outrée de mon ignorance & de celle de mon Confeil , je me livrois quelque fois au dépit le plus violent , pour voir fi l'excès ne m'inftruiroit pas mieux ; je voulois me féparer de moi-même dans l'efpérance de diftinguer, & de découvrir la nature de mes défirs ; mais tous mes efforts étoient inutiles , mon embarras étoit plus grand , mon ardeur plus vive, mon inquiétude plus chagrinante . fans diftractions que celles d'une occupation uniforme & momen-tanée, rien ne me foulageoit , tout augmentoit ma peine.

Ce fut bien pis , la première fois que mes Gardes découvrirent un Royaume affez femblable au mien ; mais gouverné par une Divinité toute différente. L'image quoique racourcie de ce Dieu étranger porta le défordre dans toutes

 les

les parties de mon Empire. Je ne me lassois point d'admirer, j'étois dans une agitation cruelle. Je mis toute ma Cour en mouvement, je donnai la torture à tout le monde, je culbutai tous les magasins pour trouver une explication satisfaisante, & une instruction qui me donna quelque repos. A force de travailler sans succès, la tristesse & l'ennui me subjuguérent, le découragement affoiblit l'attention de mes sentimens, les efforts de mes Ministres les plus raisonnables cedérent à ma langueur. On auroit dit que mon ame souffroit de ne pouvoir s'expliquer, & de m'être si long-tems inutile. Je tombai dans un abattement dangereux, ma santé se revolta contre la violence que je me faisois, & les contradictions que j'avois à essuyer.

Ce ne fut point l'aveugle hazard qui adoucit mon tourment. Un génie bienfaisant conduisoit sans doute un domestique de confiance, qui quoique de même âge que moi, m'instruisit enfin de la route des plaisirs que j'ignorois, fixa mon ame incertaine, & débroüilla mes idées, de manière que les

découvertes

découvertes les plus avantageuſes ſe ſuccédérent avec une rapidité in-finie.

Entre les gens qui m'approchent de plus près, j'en ai choiſi cinq qui m'ont paru les plus attachés. Je fais peu de cas des autres, ils ſont ſi gauches, ils ſe préſentent ſi mal, que je m'en ſers le moins que je puis. Parmi ceux à qui j'ai donné la préférence, il en eſt un d'une taille élégante, plus adroit, & plus officieux que ſes camarades. Je n'oublierai jamais le ſervice qu'il me rendit par cette première démarche, ma reconnoiſſance durera autant que lui. Sans autres conſidérations que ſes allarmes ſur ma ſituation ; un ſoir d'Eté que j'étois plus rêveuſe qu'à l'or-dinaire, & comme abſorbée de réflé-xions extravagantes, il deſcendit com-me pour badiner & ſe promener avec eux. Ils me diſpoſérent inſenſible-ment à joüir des careſſes d'un Zéphire, qui étoit peut-être d'intelligence, & ils éloignérent petit-à-petit les colom-nes du Temple dont j'ai parlé. La tendre langueur qui m'affeĉtoit, la douce émotion dont j'étois ſaiſie, m'é-tourdiſſoit

tourdiffoit fur la nature d'un deffein
dont j'ignorois les fuites ; en tout cas
je ne cherchois pas à m'y oppofer ,
je fécondois même leur badinage , &
je m'y prêtois de bonne grace , lorfque
feul avec une hardieffe qui auroit éton-
né les portiers les plus réfolus ; après
avoir contraint les naïades timides à
fe retirer , il s'introduifit légérement &
fe gliffa à la dérobée jufques au trône
de la Volupté. Cette Divinité fut fi
touchée des mouvemens qu'il fe donna,
& de l'ardeur avec laquelle il fçût les
entretenir , qu'elle fe communiqua fans
referve. Je partageai bien - tôt des
tranfports qui me devenoient néceffaires : bien-tôt une foule de défirs plus
curieux que fatisfaits en augmenta la
vivacité , une douce yvreffe s'empara
de mes fujets, & les livra d'autant plus
vite à Morphée , qu'ils s'étoient fati-
gués davantage à cette recherche. Un
fonge charmant les affura de mon bonheur & me fit gouter des délices qu'on
ne fçauroit exprimer.

Tel fût l'époque de mon difcernement. Je raifonnai pour la première
fois, je comparai ; je conclus , fans
m'em-

m'embaraffer de faire une différence
exacte des différentes fenfations que
donnent les plaifirs , je me contentai
d'en fentir toutes les douceurs ; je m'en
repréfentai de plus vives , & mes idées
eurent là-deffus une entière liberté;
perfuadée qu'elles ne pouvoient aller
au-delà de celles que j'imaginois.

L'ouverture d'efprit que l'on fe connoît fupérieure à celle d'autrui, une
découverte précieufe dont on n'a l'o-
bligation à perfonne , les talens qu'on
acquiert fans fecours, & que l'on ne
doit qu'à foi-même , infpirent une
confiance qui eft bien voifine de l'orgueil. Tant que mon Royaume fut
dans une efpéce d'Anarchie , que mes
fujets livrés à eux-mêmes exerçoient
à leur fantaifie les emplois qui leur
avoient été confiés, que vivans dans
l'indépendance , & moi , pour ainfi
dire , en tutelle , ils difpoférent de tout
à leur gré ; j'étois humble & modefte:
mais dès que mes foupirs ne m'éton-
nérent plus, & que j'en connus la fource, que je pus me faire rendre raifon
de cette impatience fecrette & de cette
humeur à laquelle on donne le nom
de

de caprice, faute d'en ſçavoir l'objet ;
que mes déſirs eurent une perſpective ;
que je me trouvai capable de ſentimens,
propre à en inſpirer, & deſtinée à joüer
un rôle intéreſſant dans le monde, je
devins fière & impérieuſe : frapée de
la dignité de mon être, enchantée de
la beauté de mes Etats, j'acceptai les
titres de Divinité que l'on m'accorda ;
je ſongeai à les faire reconnoître dans
les Cours étrangeres, & je m'occupai
ſans relâche à mériter l'aplaudiſſement
& l'amour des Nations avec qui je
voulois traiter ; ce qui annonce que
je fis quelque effort pour corriger cette
hauteur & cette fierté naturelle, qui
ſont les peſtes de notre commerce.

Il faut convenir que je fus bien ſe-
condée. Tout le monde ſaiſit le ton de
fineſſe & d'intelligence, l'air de vivacité & d'étourderie, le maintien minaudier & agaçant que j'inſpirai. Mes
Gardes de la plus grande taille, pleins
de feu & de vivacité (leur uniforme eſt
noir) s'étudiérent à qui me ſerviroit
mieux. Que d'éloges ne méritent pas
les Circulaires, les Séducteurs, & les
Amoureux !

Mes

Mes Dames d'honneur, d'un poly, d'une douceur parfaite, ne se présenterent jamais aux audiances, que je commençai à donner dans ce tems-là, qu'avec ce vif incarnat, que leur prêtoit moins la pudeur, que l'envie de plaire aux Courtisans, avec cette fraîcheur & cet éclat que les graces & la jeunesse entretenoient sans la moindre dépense. Le désir de paroître aimables ne les a jamais quittées. Je dois à leur attention & aux talents qu'elles ont acquis pour la peinture, plusieurs tendres sornettes dont on me regale encore quelque-fois. Le Parfumeur sembloit être fait pour sa place. Aussi l'a-t-il toûjours rempli avec la plus grande exactitude, & a-t-il montré par sa hardiesse & sa résolution, combien mes intérêts lui sont chers. Le Chancelier par de jolis riens, des propos légers, d'amusantes bagatelles, un jargon tout neuf, un babil continuel, prévint tous les envieux en ma faveur. Les petits instrumens de corail sur lesquels les ris préludoient sans cesse, l'yvoire d'une barrière exactement rangée, le doux parfum qu'elle exhâloit, un pupître

charmant que la fermeté d'embonpoint rendoit folide, repofoir d'albâtre
animé par des foupirs politiques, tout
fut mis en ufage & me promit des
triomphes.

Née fauffe & fans caractère, j'avois
befoin de fecours pour adoucir en ap-
parence des défauts que je croyois ré-
voltants. Si dans la fuite je n'ai pas pris
autant de précaution, c'eft que je me
fuis convaincuë que quand on ne fe
met au-deffus de rien, & que l'on craint
tout, on fe rend victime des bienféan-
ces les plus ridicules, on refte dans
l'infortune, & l'on vit dans l'obfcurité. D'ailleurs l'aveuglement des hommes eft une reffource fi puiffante, fi
victorieufe que les vices de cœur même les plus indignes, ne font pas aperçus fi nous avons quelques vertus; c'eft-
à-dire quelques agréments.

Grace à ceux dont j'étois pourvûë,
je ne tardai pas à recevoir les foy &
hommage des Vaffaux qui fe préfentérent. Ennemie des formalités, je ban-
nis la cérémonie des ferments de fidélité, pour en attirer un plus grand nombre, & cette prudence eut tout l'effet
que j'en attendois.   La

La vanité feule qui me l'avoit dictée eut lieu d'être fatisfaite; mais ma réputation fouffrit de cette foule d'adorateurs. Chacun d'eux jugea de moi fuivant l'idée qu'il en avoit pris , & rélative à la façon de penfer qui lui étoit propre. Tel voulut m'aprofondir davantage qui me dévina le moins. Je fuis perfuadée que la plus part préconiférent l'étourderie, la fauffe retenuë, le menfonge & l'affectation qui me font ordinaires , pour fronder les qualités oppofées que je n'avois pas. Ils déciderent tous que j'étois coquette , & dans le fond ils fe trompérent encore ; j'étois tendre. J'ignorois l'art de ces variations falutaires qui corrigent une faveur légére par une rigueur aparente. Je n'en fçavois pas affez pour les entretenir dans ces agitations aimables, feules capables de les occuper, & pour les conduire comme par dégrés d'efpoir en efpoir. Je voulois plaire, il eft vrai, je cherchois à exciter des defirs ; mais je n'aurois pas fui le moyen de les fatisfaire.

Je me confolai de leur erreur avec mon néceffaire fidéle, qui par un badinage

dinage infatigable, me vengeoit tous les jours, & calmoit autant qu'il pouvoit le faire, l'impétuosité d'une brûlante canicule qui se fait sentir dans mon païs pendant la première saison. Son attachement lui valut la charge de Vicaire Général du Temple; que je créai exprès pour lui (ce n'est pas le premier valet de chambre qui est parvenu à des emplois importans par cette route-là.) Je n'écoutai aucunes des remontrances qui me furent faites par les Ministres, qui trouvoient la reconnoissance trop forte ; mon panchant l'emporta sur la politique. Je ne pris pas garde que l'affectation avec laquelle je le distinguois des autres , la tendre affection que je lui marquois sans ménagement , & la faveur prodigieuse où il étoit monté, donnoient de la jalousie ; il m'occupoit seul. Je m'aperçus à peine de l'esprit de parti qui s'emparoit des Grands ,& je ne m'embarrassai point du danger qu'il y avoit de le laisser fermenter ; mais enfin ses assiduités trop fréquentes, ses caresses trop indiscretes, ses hommages trop réïtérés, firent gronder la critique,& indisposérent la Cour.

Le

Le mécontentement général fuccéda aux chagrins des particuliers ; les Officiers les plus affidus à mon fervice, furent ceux de la bouche, qui levérent l'étendard de la rébellion, & entraînérent les autres dans leur revolte ; je me vis tout d'un coup abandonnée.

Mon Vicaire même, cet objet de mes plus cheres complaifances , ce favori pour qui je facrifiois tout , parut fe rallentir , & refpecter les mutins , de crainte d'être envelopé dans la révolution qu'ils ménageoient , (belle leçon pour les cœurs généreux & les ames tendres ,) j'eus pitié de fa foibleffe. Le dépit n'eut aucune part à mon refroidiffement ; mais n'étant pas en état de me fécourir, mes autres fujets pâles & tremblants n'ayant pas plus de reffource ; je cedai pour un tems à l'orage , & je rompis tout commerce avec lui. Cet égard politique rétablit l'ordre petit à petit , & ramena tout à fon devoir.

A peine avois-je reparé le défordre qu'entraînent les troubles inteftins, que j'eus à foutenir une guerre encor plus dangereufe.Entre les ennemis dont nous avons à nous deffendre , il eft deux

fœurs

sœurs que nous redoutons , sur-tout par les ravages qu'elles font,& les marques qu'elles laissent de leur fureur inéxorable. La cadette quoique d'une moindre réputation que son aînée, & plus petite qu'elle , est pour nous la plus terrible ; parce qu'elle s'attache à persécuter nos possessions les plus distinguées. Cette cruelle ennemie de la beauté , jalouse de ma gloire , crut trouver peu de résistance après l'assaut que je venois d'essuyer , & voulut profiter de cette circonstance pour triompher sans peine. Dans le tems que je m'y attendois le moins , elle fondit sur moi à la tête de ses troupes qu'elle divisa du premier jour par une marche forcée. Avec la moitié de son monde elle assiégea en arrivant le Pavillon Spheriq-oval , & emporta les ouvrages extérieurs, après une courte résistance. De l'autre elle forma plusieurs camps volants , qui par leur disposition avoient une libre communication entre-eux , & fit approcher par pelottons des troupes à portée de mon Palais , où elle se flattoit d'avoir des intelligences. Dans cette extrêmité j'assemblai

le

Le Conseil de guerre que je trouvai
à demi vaincu par la frayeur d'une
irruption aussi prompte. Chaque mem-
bre disputoit avec chaleur , & ne re-
solvoit rien. Les uns étoient d'avis d'in-
nonder l'ennemi , au risque de submer-
ger le païs ; d'autres pensoient qu'il suf-
firoit pour le chasser de lâcher la grande
écluse : plusieurs vouloient acheter la
victoire par des torrens de sang ; quel-
ques-uns proposoient la voye des né-
gociations & croyoient qu'il falloit
offrir un tribut : mais personne ne se
chargeoit d'exécuter.

Cependant les bombes que l'on jet-
toit sans cesse , avoient mis le feu dans
une infinité d'endroits , l'embrasement
gagnoit de proche en proche. L'allar-
me étoit si chaude , le désordre étoit
si grand qu'on n'aportoit presque aucun obstacle , & qu'on ne cherchoit son
salut que dans une fuite honteuse. La
déroute devint générale. Mon premier
Ministre fit une sortie, & battit la cam-
pagne pour essayer en ralliant quelques
troupes de faire face à l'ennemi , & de
lui disputer le terrain pied à pied ; mais
ses exploits, n'aboutirent qu'à diminuer

mes

mes forces. Il fallut ceder le plat païs à ces hôtes barbares qui comme des Scithes féroces se nourriffent de chair humaines ; ravitailler à la hâte les places qui pouvoient tenir le plus , & m'enfermer avec mes meilleurs effets dans mon Palais où je refolus de mourir plûtôt que de me rendre.

J'augmentai la garnifon de tous les fecours qui fe préfentérent , & dans les exhortations que je lui fis, en la pourvoyant du néceffaire, je n'oubliai rien de ce qui pouvoit fortifier fon courage, animer fa bonne volonté, & lui infpirer de l'intrépidité. Les affurances cordiales qu'elle me donna de fe défendre jufqu'à l'extrêmité, me rendirent un peu plus tranquille , & firent naître cette douce efpérance que l'on faifit fi avidement dans les occafions périlleufes.

Nos efforts fe portérent d'abord à éteindre le feu que ces incendiaires avoient mis par tout. Un travail conftant ne connoît point d'obftacles, nous en vinmes à bout avec nos feules troupes auxiliaires. Tout le monde étant refté dans le devoir , & notre vigueur

à

à repousser leurs assauts, les ayant rebutés; ils negligérent quelques postes importans dont on se saisit, & où l'on sçût se maintenir. Ce fut un coup de partie; parce qu'ayant coupé leur communication, on put les inquiéter avec avantage. Tous leurs partis étoient enlevés dès qu'ils osoient paroître, les vivres leur manquoient, plus de fourage à faire à cause de la grande sécheresse qui survint; la désertion s'en mêla, (c'est la suite nécessaire d'une mauvaise discipline dans une armée mal pourvûë;) enfin ils furent contraints de lever le siége, & de se retirer.

On ne chercha pas à troubler leur retraite, ils eurent le tems de la faire. Nous ne nous occupames qu'à combler les tranchées, nettoyer les fossés, réparer les brêches, & effacer les vestiges de leur cruauté dans les endroits où ils avoient campé. Ce ne fut pas l'affaire d'un jour; mais les bons réglemens, le grand soin, l'économie, & l'éxacte discipline achevérent de dissiper mes allarmes & les dangers que j'avois courus, je ne songeai plus qu'aux moyens de les éviter à l'avenir.

Un

Un point essentiel au Gouvernement est la connoissance de l'humeur & du naturel de la nation qui compose l'Etat. Mes sujets étoient d'un tempérament si différens, de sentimens si contraires, que de jour en jour leur conduite devenant embarrassante, mon premier Ministre crut que la Réligion seroit un moyen pour les plier, pour les réduire & pour les amener au même but.

Sans elle, disoit-il, comment les rendre capables d'ordre, de respect & de soumission ? comment les appliquer à des objets convenables à leurs différentes prétentions, & à leurs intérêts respectifs ? comment les entretenir dans cette modération prudente, dans cette harmonie nécessaire à la societé ? quel sera le motif de leur ambition & de leurs desirs ? il avoit raison ; ces réfléxions étoient de bons sens. Je lui permis donc de faire au sujet de la Réligion les réglemens, & de prendre les mésures qui lui paroîtroient les plus justes, sans vouloir l'instruire de la mienne, dont les principes étoient déja enracinés dans mon ame. J'étois bien sûre de l'inspirer, & de le subjuguer lui-

lui-même tôt ou tard ; mais je le craignois pour lors ; la revolte à laquelle il
s'étoit prêté avec trop de complaiſance,
m'avoit indiſpoſé contre lui.

Il avoit un frere appellé *Mentegiù*,
garçon de beaucoup de merite, qu'il
conſulta ſans doute, je ne courois aucun riſque. Il auroit été à ſouhaiter
pour moi qu'il ne ſe fut jamais décidé
que par ſes conſeils ; mais il le mépri-
ſoit par ſes lenteurs à déduire, par ſes
précautions à inferer, & par ſes ſcru-
pules à conclure. D'ailleurs il étoit ſi
foible, & d'un tempérament ſi délicat,
qu'il ſe refuſoit volontiers à un travail
aſſidu.

Naſirola ſa ſœur étoit une imperti-
nente qui me contrarioit ouvertement.
Mon antipathie pour elle dure encore.
Triſte, jalouſe, elle condamnoit tous
les plaiſirs dont j'oſois m'occuper ſans
elle. Exacte, ſévére ; les moindres né-
gligences étoient critiquées, ſes remontrances étoient perpétuelles. Fière,
indépendante, elle s'étudioit à balancer
mon pouvoir, & à ſe former un empire, en aviliſſant le mien. Prude, ſcru-
puleuſe ; elle étoit eſclave d'une bien-

　　ſéance

féance, & s'y livroit avec affectation, pour peu qu'elle fût en vogue. Si j'eus fçû la part qu'elle avoit aux méfures que l'on prit, j'aurois tâché de les rompre, car je ne pouvois la fouffrir; mais comme la mode prend fur nous facilement, & qu'il eft d'ufage d'inftruire les Déefles de mon efpéce, & leur fuite ordinaire des préjugés de leur famille, je me laiffai conduire fans répugnance avec la mienne dans un féjour confacré à la piété, où la fuperftition donnoit des leçons à plufieurs Divinités comme moi.

Il fallut fe plier au-dehors à ce qu'on exigeoit, ecouter des commentaires ténébreux fur des myftéres impénétrables, affifter à des cérémonies puériles que la fantaifie humaine a multiplié à l'excès, effayer d'embraffer des règles impoffibles à la nature, fe méprifer foimême, refpecter des fots, mortifier fes appetits, renoncer aux plaifirs, aimer la douleur & les fouffrances; étoient les maximes fur lefquelles on appuyoit tous les jours, & qu'on nous animoit à fuivre par l'étalage des récompenfes magnifiques, refervées aux difciples foumis,

&

& par la defcription des châtimens ter-
ribles deftinés aux rebelles.

Moins perfuadée qu'entraînée par
l'exemple, je me contraignis fi bien que
j'en impofai aux furveillantes, & qu'on
me crut dévote. Je n'étois pourtant
qu'hipocrite. Mon Vicaire par des pré-
ceptes plus naturels, par des inftruc-
tions plus palpables, me donnoit des lumières bien différentes, qui me dédom-
mageoient en fecret de la contrainte
où je vivois. Ses talents me rendoient
au moins fupportables, des lieux inac-
ceffibles aux voyageurs, où fans cela
tout m'auroit peint l'ennui avec les
couleurs les plus fombres.

Le Commerce étant le feul moyen
de faire fleurir mes Etats, il étoit important de me former au travail qu'il
exige pour me rendre capable dans la
fuite d'un négoce confidérable. Quelques fimples que foient les formules
d'un marché, elles ne font pas indif-
férentes. Il eft bon de fe les rendre fa-
milières. Un mouvement de fimpathie,
une fituation de hazard, un je ne fçai
quoi décide quelquefois d'un traité ;
mais fouvent une heureufe conclufion

dépend

dépend de l'effort qu'on a fait pour donner le branle à cette simpathie, pour rendre la situation touchante , & animer le je ne sçai quoi.

Nous n'avions toutes que les mêmes effets à négocier. Nul échange à faire ; nos marchandises étoient les mêmes ; cependant nous pouvions acquerir de nouvelles lumières & augmenter nos découvertes sur la façon d'étaler ces marchandises , sur l'art de les faire valoir , & sur mille autres points aussi essentiels. Je ne voulois rien négliger pour devenir habile, ainsi le tems des reserves passé, je ne me contraignis plus. Je me communiquai librement ; je formai des liaisons qui auroient eu l'air d'amitié , si j'en eusse été susceptible ; j'eus des confidences que je payai par d'autres , sans demeurer en reste sur les ouvertures que l'on me faisoit , je mis à proffit mes réfléxions , & je m'instruisis assez pour contenter les curieux à la première occasion.

Parmi les exilées qui n'étoient pas la dupe des pieuses momeries , je contractai plus d'habitude avec une appellée *Demichoigs* : elle m'apprit bien-tôt que

que les Vicaires n'étoient pas la seule
reſſource qu'imaginoit le plaiſir ; plus
âgée que moi , de beaucoup d'expérience , & d'un merite rare , elle communiquoit volontiers le talent ſingulier qu'elle avoit pour lui.

Après pluſieurs bagatelles officieuſes,
& quelques petits ſoins que nous cher-
chions à nous rendre ; un jour me
trouvant ſeule au jardin , Qu'il me
tardoit, dit-elle , de vous parler ſans
témoin de mon inclination , charmante
Inciolino. Faite pour les plaiſirs , ne
puis-je vous donner du goût pour eux;
les momens où vous héſitez d'en prendre ne ſont plus pardonnables , il eſt
tems de leur rendre hommage, Ce qu'ils
exigent eſt ſi doux ! ma tendreſſe ne vous
refuſera aucunes lumières. Ne croyez-
pas , continua-t-elle , en ſouriant, que
mon amitié reſſemble à celle que nous
contractons ici les unes avec les autres.
Triſte , froide , & languiſſante , ce n'eſt
qu'une liaiſon que le déſ-œuvrement
& la néceſſité de ſe voir forme ordinairement , au lieu que l'agrément , la
douceur & la vivacité , feront le caractère de la mienne , ſi vous voulez que
le plaiſir en ſerre les nœuds. Mon

Mon panchant à prévenu le vôtre, lui répondis-je, en la careſſant ; je ſens bien, généreuſe *Demichoigs*, que le charme ſecret qui m'attache à vous n'eſt pas produit par une amitié ordinaire, & je vais m'y livrer avec tout l'empreſſement qu'excitent la curioſité & l'envie de s'inſtruire. Quelques plaiſirs domeſtiques ne m'ont pas donné beaucoup d'expérience. Je ſuis trop heureuſe que vous m'ayez jugé capable de profiter de vos leçons & de votre complaiſance. Un attachement éternel ſuffira-t-il à vous marquer ma réconnoiſſance ?

Ah gardez-vous bien, reprit-elle, de vous attacher jamais conſtamment, je vous aime trop pour vous laiſſer prendre d'abord une auſſi méchante habitude. Tant que nous nous amuſerons, & que nous n'aurons rien de mieux, paſſe; je ne vous en promets pas davantage, moi : ſçachez belle Inciolino, que tout attachement n'eſt qu'un commerce où l'amour propre, l'intérêt & le plaiſir ſe propoſent quelque choſe à gagner, ſans l'un ou l'autre de ces objets, point d'affaire. Vous les réünirez

ſans

sans doute un jour ; mais que ce bonheur ne vous arrête pas de manière à
vous en tenir là, & à vous faire échaper des plaisirs nouveaux qui se refusent
à la constance. Loin de combattre des
mouvemens qui nous ramênent trop à
nous-mêmes pour pouvoir nous occuper long-tems des autres, saisissés le
premier instant de dégoût pour vous
retirer sur votre profit ; pourvû que
ce soit sans éclat & avec les ménage-
mens qu'on se doit, vous gagnerés
toûjours à changer d'amant, quand
vous les choisirés avec prudence.

Je croyois, repliquai-je, que la constance étoit une vertu que l'on devoit
s'efforcer d'acquerir, & que c'étoit au
contraire ce trop grand amour de soi-
même, & notre legéreté naturelle que
nous devions combattre ; mais je con-
çois qu'une pareille violence étant ennemie du plaisir, & que notre victoire
n'étant pas possible, ce seroit trop risquer, puisque nous combattrions à
pure perte. Cependant les amants, suivant la foible idée que j'en ai, se dé-
fieront d'un caractère volage, ou ne
s'engageront pas de bonne foi ; cette

réputation d'inconſtance doit les rendre ſi rares qn'il n'y aura pas à choiſir,
& qu'il faudra ſe jetter par la tête du
premier étourdi , ou bien s'en paſſer.

Votre raiſonnement eſt juſte , repar-
tit-elle , mais votre idée ne l'eſt pas.
Vous ſupoſés qu'un amant fait des réfléxions , comme ſi l'amour lui permettoit d'en faire. Un penchant aveugle qu'inſpire la nature , ne conſul-
te pas la raiſon , & n'annonce pas
un diſcernement que l'on doive redouter. Travers d'eſprit , caprice dans l'humeur , défaut de caractère , vice de
cœur , rien ne l'arrête ; parcequ'il ne
s'apperçoit de rien , dès qu'il eſt bien
enflammé. Il eſt vrai que ſon ardeur
n'eſt pas longue ; mais c'eſt l'avantage
dont je parlois.

Se rencontrer , ſe plaire , s'aimer,
ſe le dire , ſe jurer une tendreſſe &
une fidélité inviolable ; voilà par où l'on
débutte. On s'examine enſuite , on ſe
connoît , on ſe déplaît , on ſe dégoute,
on ſe quitte , & l'on fait un nouveau
choix. Il eſt vrai encor que ce choix à
ſes difficultés. La ſatisfaction de s'entendre loüer finement par exemple ,
ne

ne doit pas tenir contre l'intérêt, &
celui-ci doit toûjours avoir la préférence fur le plaifir.

Ah Ciel ! m'écriai-je, peut-on facrifier l'efprit & la jeuneffe à l'opulen-
ce, qui n'auroit pas le fens commun.....
oüi, ma Reine, interrompit-elle vivement, oüi, fi l'on étoit prudente. Le
plaifir par-là fe ménageroit des reffources, dont on ne connoît l'utilité que
lorfqu'elles manquent.Mais croïez-vous
après tout qu'un amant fpirituel foit fi
défirable, plus foupçonneux qu'un autre; il eft plus incommode, plus clair-
voyant, il eft plus à charge, plus ar-
tificieux, il eft plus habile à nous
tromper, & il n'y manque guéres.

Qu'importe, lui dis-je, ma bonne,
il n'y a pas de honte à être trompée
de quelqu'un, & il y en a, ce me fem-
ble, à fe défier de tout le monde ; c'eft
donner mauvaife opinion de fon cœur.
L'erreur favorable à l'objet que nous
aimons, notre fécurité fur fon compte,
font plus capables de reveiller & de
fortifier fa tendreffe que de nous avilir
à fes yeux.

Mais voilà le fentiment tout pur,

dit-elle en riant, oh défaites-vous de cela ? il n'eſt plus à la mode, je vous en avertis. Un amant borné qui eſt tout à ce qu'il fait & ne regarde que devant lui, convient cent fois mieux; en tout cas il faut en uſer avant de le prendre, & l'eſſayer comme on fait la monnoïe dont on ſe défie; pour peu qu'on ait d'expérience, on n'eſt pas embarraſſée de la pierre de touche. Sans cette précaution, on ſeroit trop ſouvent la dupe d'une affaire.

Comment, répondis-je d'un air ſurpris, ce ſeroit commencer par où l'on doit finir, à ce que je crois..... Que vous êtes ſimple ! reprit - elle; ſouvenés-vous que des rigueurs trop long-tems affectées nuiſent plus à notre réputation que des faveurs accordées promptement. Moins la réſiſtance eſt longue plus on évite de tendres étourderies, que le public n'échape point, de contraintes myſtérieuſes qui n'impoſent à perſonne, de fauſſes décences dont le monde ſe mocque, & de mauvais diſcours que chacun interprête. Ne vaut-il pas mieux abréger le chemin qui conduit aux plaiſirs, que de le rendre

long

long & difficile par des détours pénibles & dangereux.

Je ne puis me figurer interrompis-je,
qu'une amoureufe imprudence foit fi
dangereufe. Quoi la réfiftance fi propre à picquer les défirs, la contrainte,
le miftére, l'inquiétude fecrette, les
peines & les embarras dont vous parlés, n'auroient aucunes douceurs, &
ne feroient pas des dégrés néceffaires
pour arriver aux plaifirs ?

Toûjours du fentiment, repliqua-
t-elle, vous êtes étonnante ! votre erreur là-deffus me feroit trembler, fi
je n'étois perfuadée que vous ignorés
la nature de ceux dont je parle : vous
ferés, vous ferés de mon avis quand
vous les connoîtrés.

Dans l'inftant ma vigoureufe com-
pagne débarraffant mon Temple des
voiles qui l'offufquoient, en parcou-
rut les avenuës précédées de fon Vicaire, & me mit en fituation de ne
rien dérober à fa curiofité. Chaque
chofe étoit l'objet d'un éloge qui ne
finiffoit pas. Quelle blancheur écla-
tante, s'écrioit-elle, que les colomnes font fermes & polies ! chere *Inciolino*,

que

que vous êtes charmante ! on diroit
que tous les amours ont pris soin de
vous embellir. Que ce bosquet est bien
planté ! que ce portail est beau !

Il faut convenir que son Vicaire malgré la grosseur de ses dimensions, étoit
plus agile que le mien, il sembloit que
tous les appartemens lui fussent fami-
liers, & qu'il les connut de longue
main. Rien ne resista à sa vivacité, il
se fourra par tout, il donna par tout
des marques de son intelligence, & me
força bien-tôt de livrer mon ame au
plus tendre égarement. Dès que ma
bonne s'aperçût de l'ardeur avec laquelle je m'abandonnois au désordre
qu'inspire la volupté, elle introduisit
par dégré à la place de son Vicaire,
un Sacrificateur aveugle, une Idole
obéïssante qui suivit les mouvements
qu'elle lui prescrivoit. Place ? place ?
dit-elle, en écartant de toute sa force
les colomnes déja ébranlées; il faut
achever ton sacrifice mon petit cœur,
& que ton hommage soit complet.
Courage ! tu ne meurs pas de plaisir
friponne ! ah ! ah ! le voilà au pied du
sanctuaire où l'amour dispense ses graces, & répand ses faveurs.   Elle

Elle me dit encore mille choses qu'il me fût impoſſible d'entendre. Mes eſpions étoient ſourds , mon Chancelier béguéyoit à peine, mes Gardes baignés de volupté ne diſtinguoient plus rien, un charme inconnu m'avoit plongée dans la plus douce yvreſſe , toutes les facultés de mon ame étoient ſuſpenduës , je nageois dans un torrent de délices.

Mon trouble un peu diſſipé, j'arrachai cette figure inanimée qui venoit de me pénétrer. Malgré ſa grande ſimplicité , je l'aurois meſuré , retourné, & conſideré , ſi ma nouvelle gouvernante , occupée à côté de moi , n'avoit fixé mon attention. Les mouvemens qu'elle ſe donnoit me parurent furieux , ſon agitation épouvantable. Dans une ſituation à peu prés pareille à celle qu'elle m'avoit fait prendre , excepté que la ſéparation de ſes colomnes étoit entière. Je crus qu'elle vouloit briſer & démolir ſon Temple par les ſecouſſes dont elle l'accabloit. Armée d'une machine de guerre qu'on auroit priſe pour un béllier , elle frappoit à ſi grands coups, que l'édifice en
devoit

devoit être ébranlé juſqu'au fondement. L'enluminûre de ſes Dames
d'honneur, la langueur de ſes Gardes,
la fréquence de ſes ſoupirs me firent
approcher avec une ſorte d'inquiétude,
comme pour l'empêcher d'exécuter ſon
deſſein. Viens, me dit-elle, d'une
voix preſque étouffée. viens juger des
plaiſirs par les tranſports qu'ils procu-
rent, viens les aider à me combler des
plus grands biens, oüi, bon, redou-
ble ! ah Dieux ! j'expire.

Ce fut pour me raſſurer apparemment, qu'en perdant la parolle elle gliſſa
ſon Chancellier à travers les barrières
du mien, & qu'elle m'embraſſa autant
qu'elle pouvoit le faire ; en tout cas un
grand ſoupir me perſuada que je n'a-
vois rien à craindre pour ſes jours.

Eh bien, continua-t-elle, en réta-
bliſſant le déſordre où elle étoit, que
dites-vous de mes preuves ? elle tenoit
encore ſon bélier ; croyés-vous à préſent
que l'idée d'un plaiſir qui nous égale
aux Dieux du premier ordre, puiſſe
faire place à des réfléxions, qui le re-
tardent & que notre ame qui en eſt
pénétrée vacque à des ſoins qui pour-
roient

roient l'en diſtraire. Ce n'eſt pourtant que l'eſquiſſe du tableau, la copie imparfaite de l'original, l'image fictive du vrai bonheur. Je ne ſerai plus inquiette de votre façon de penſer, quand vous aurés réaliſé le plaiſir.

Deux Argus reſpectables qui venoient peut-être de prouver la même thêſe, s'étant approchées l'empêchérent de pourſuivre, & de me donner les éclairciſſemens que je déſirois ſur les meubles amuſans qui diſparurent à leur arrivée ; mais elle ne tarda pas de me mettre au fait de ce que je voulois ſçavoir, & de m'apprendre bien d'autres choſes que je n'ai point oubliées. C'étoit un fond de doctrine inépuiſable.

L'étude continuelle de ſon ſiſtême avec les preuves précipita la cérémonie d'un ſacrifice ſanglant qu'une Divinité céleſte, dans le goût de *Moloch*, exige de nous tous les mois. Quoique ce culte réligieux ſoit aſſujettiſſant, nous le rendons volontiers ; c'eſt la marque d'un regard favorable de la Déeſſe qui ne fertiliſe que les terres arroſées du ſang qu'elle fait couler. Grace à la prévoïance & aux leçons de mon amie, je m'en acquittai avec la dévotion, l'attention, & la propreté nécessaire. Ce fut par ses conseils que je mis dans ce tems-là mes bois en coupe règlée.

Je ne sçais si les exercices de cette chere *Demichoigs*, furent aperçus, ou si quelques écoliéres furent indiscrettes; mais elle disparut tout d'un coup sans me donner de ses nouvelles ; je l'ai retrouvée depuis quelques années aussi amusante & aussi complaisante ; les momens que je passe avec elle, sont à présent les plus doux de ma vie ; je ne l'aimois pas moins alors, son départ me chagrina, & me détermina d'autant plus vîte à quitter un séjour où je m'ennuyois, pour aller fournir une carrière intéressante, qui fera le sujet des autres parties de mon Histoire.

Fin de la première Partie.

PONCEITI.

SECONDE PARTIE.

A Curiofité, cette paſſion avide, n'étoit point ſatis-faite des connoiſſances & des lumières que je venois d'acquerir ; le deſir de les augmenter étoit un peu plus vif, par-ce qu'elle croyoit en démêler l'objet. Cette envie de ſçavoir n'eſt regardée comme une maladie, que par les ames foibles, la mienne auroit été bien fâ-chée d'en guérir. Placée où je l'ai dit au commencement de cette Hiſtoire, un éclairciſſement qui auroit mis fin à des recherches dont elle ſe faiſoit une

II. PARTIE.   E 2   occu

occupation amufante , auroit été pour elle un anéantiffement véritable. Cette ardeur perpétuë des mouvemens qui nous font propres ; par conféquent l'inquiétude qu'elle caufe a pour nous des douceurs réelles.

Pour féconder la vivacité de fes intentions, il fallut prendre des précautions avec tout l'Etat. Sans le fecours duquel je me ferois inutilement prêtée aux défirs qu'elle m'infpiroit, & pour que l'Etat ne me refufa rien & agit de concert par la fuite, il fallut affurer fa tranquillité par des Règlemens hipocrites , qui en fatisfaifant l'ambition des Grands , en flattant le préjugé des petits , & en éblouïffant les fots, fixaffent en même tems la Police extérieure du Royaume.

On commença par la Réligion , moyen ordinaire de féduire la multitude, qui fe mefure & fe met à niveau de ceux qu'elle imagine , penfer comme elle. *Nafirola* , dont on avoit fuivi les décifions , fe chargea de les faire exécuter. Cette Prude matrone qui tranche auffi de la Déeffe , comme étant fille de Jupiter , à ce qu'elle

dit ,

dit, comptoit fans doute fur la docilité que j'affectois & fur celle que j'infpirerois aux autres; mais ayant chargé fes Ordonnances de trop de minuties, & fe montrant inéxorable aux moindres tranfgreffions, il arriva que fans m'en mêler, fes Loix devinrent inutiles, & qu'à la fin perfonne ne voulut les fuivre.

Perfuadée que j'y avois mis obftacle, & furieufe du peu de refpect que l'on avoit pour fon autorité, elle fit tous fes efforts pour balancer la mienne, & fe promit bien de marquer fon oppofition à toutes mes volontés. Le plaifir étoit le feul Dieu que j'adorois; je ne connoiffois de péchés, par rapport à moi, que la trifteffe ou l'indolence, & par rapport aux autres que l'inconftance & l'indifcrétion. Ma tolérance étant entière, chacun avoit la liberté de penfer à fa fantaifie, & d'agir en conféquence : nulle chicane fur la morale. Telle eft la force des principes que la nature a pris foin de graver elle-même, tout le monde y foufcrivit, & les édits de la fille de Jupiter furent mis au rang des vieux almanachs. Ceux

Ceux concernants le Commerce eurent plus de succès ; je suis trop intéressée à leur exécution pour n'y pas tenir la main, quoiqu'ils fussent son ouvrage, sauf à me rendre la maîtresse de passer pardessus les dispositions qui m'étoient contraires, ou de les éluder par de fausses gloses, & par des interprétations tirées par les cheveux ; c'est la coutume. Les avances que je fus obligée de faire pour négocier, me forcérent à des emprunts qui me servirent de prétexte pour publier un règlement, sur lequel je ne la consultai point, & que je fis passer malgré ses efforts séditieux.

Je ne manquai pas dans le préambule de grossir les besoins de l'Etat, d'enfler les dépenses que j'avois faites pour en soutenir la gloire, & celles que j'étois résoluë de sacrifier pour attirer la considération des étrangers, afin, disois-je, d'augmenter autant qu'il seroit possible les égards qui m'étoient dûs. Je declarai à tous les ouvriers, artisans & manœuvres du Royaume, que, pour les corriger de la paresse & de l'intempérance, deux vices

ces aufquels ils font affez fujets , je voulois qu'ils dépofaffent chaque jour, chez un receveur commis à cet effet , la moitié de ce qu'ils gagneroient , fauf à retrancher la moitié de leur nourriture ; ce qui les forçant de travailler & d'être fobres , étoit un moyen préférable à tous ceux que l'on m'avoit propofé , & plus propre à remplir mes vûës avec la promptitude néceffaire.

Grands débats au Confeil à ce fujet. L'on ne put refufer d'entendre *Nafirola*, ennemie perpétuelle de mes réfolutions; fon avis qu'elle laiffa fur le bureau étoit conçû en ces termes à peu près.

Le fouverain Confeil *de la belle Poncetti* , doit faire attention que fes fujets font nés libres, & qu'ils ne doivent pas être traités comme des efclaves , puifque leur effence n'eft pas différente de la fienne.

Que la puiffance qu'elle s'attribuë n'exifte qu'autant qu'ils font dociles & foumis , n'ayant de titres que leur confentement, prêté à condition qu'elle en uferoit à leur avantage, & non à leur préjudice.

Que

Que sa domination ne peut s'étendre au-delà des bornes que les Loix naturelles & fondamentales lui prescrivent, par lesquelles la proprieté des biens dont elle dispose arbitrairement, lui est interdite ; Loix, à l'autorité desquelles elle ne peut se souftraire, & qu'elle ne peut mépriser comme elle fait, sans manquer aux devoirs les plus essentiels d'une place où elle doit faire le bien seulement, & contribuer par sa modération à la félicité de ses sujets ; loin de prétendre que leur misère & leur servitude doivent flatter son orgueil & sa molleffe.

Que les revenus du Domaine excédent sa dépense ordinaire, & que les frais aufquels l'engagent ses nouveaux facrifices à la lune, ne font pas affez confidérables pour établir des impôts exhorbitans qui arrachans aux ouvriers le fruit de leurs fueurs & de leurs veilles, les exposent à mourir de faim. Ignore-t-elle qu'elle ne peut-être à son aife qu'ils n'y foient, & que leur abondance, fait réellement la fienne ?

J'efpére de la fermeté du Confeil que mon oppofition fera fécondée, & qu'il

ne

ne souffrira pas que la substance du peuple qui demande tant de ménagement, soit convertie en quolifichets & en bijoux, toûjours prête à être répanduë en faveur du Vicaire & de ses adhérants, & devienne la proye du dérèglement & de la débauche.

La belle Poncetti me croit son ennemie, parceque je m'oppose à ce qui nuit à la véritable gloire, & que j'envisage autrement qu'elle le bonheur de son état. En vain elle préfere des flatteurs indiscrets qui lui présentent toutes sortes de viandes, à des medecins prudens qui ne lui permettroient que des mets salutaires. La régence dévoluë au rang que j'occupe, & les soins que je lui dois, m'obligent d'éclairer son administration, de veiller à ses vrais intérêts, & de la garantir des écuëils, d'autant plus attentivement que le Pilote est yvre, & que les matelots sont endormis.

J'abrége cette déclamation, parcequ'elle n'a pas le sens commun, & parce qu'elle ne servit à rien. Elle étoit trop outrée pour faire impression à des gens raisonnables qui connoissent les

droits de la souveraineté , & qui sça-
vent bien qu'on ne resiste pas à mon
empire à l'âge où j'étois ; aussi ne puis-
je que me loüer de l'affection avec laquelle on se porta à exécuter mes Ordonnances ; les seuls brodeurs à l'éguille
me mirent dans le cas en moins d'un
an de ne me refuser aucun meuble à
la mode , & de disputer de propreté &
d'ornements avec tous mes voisins.

Malgré la foule de Courtisans dont
ma Cour étoit pleine, j'étois sans affaires pendant ce tems-là ; je voulois
connoître l'amour , *Nasirola* m'en avoit
fait un monstre dangereux , tandis que
mon *Demichöigs* me l'avoit dépeint
comme un enfant que les ris & les
jeux accompagnent. *Mentegiù* m'avoit
persuadée qu'un Négociant ayant plus
à cœur son propre intérêt que celui
d'autrui , ne me convenoit pas mieux
qu'un voyageur qui n'est qu'un oiseau
de passage; j'avois donc resolu d'attendre un adorateur capable , lorsque le
hazard , ou plûtôt le Dieu qui fait aimer , m'en présenta un , tel que je le
désirois.

Si un véritable désordre annonce une

grande dévotion , je dus me flatter que *Clavilord* , c'eft le nom qu'il portoit, feroit un adorateur parfait. Sa timidité ne me parut point ridicule; comme elle raffuroit la mienne dans une circonftance importante & qu'elle flattoit mon orgüeil, je lui en fçûs bon gré. Ce n'eft pas une petite fatisfaction pour nous que de porter le trouble , fuffe dans le cœur d'un novice.

Quoique fes difcours fe fentiffent de l'embarras où il étoit, il me loüa d'affez bonne grace , pour fe faire eftimer; mais fes loüanges euffent-elles été cent fois plus obfcures, l'explication que leur prêtoit le goût que j'avois déja pour lui , leur auroit été avantageufe. Je défirois trop vivement pour n'en pas augmenter le mérite.

Cependant pour m'affurer tout-à-fait de fes fentimens , je fis montre d'incrédulité & de modeftie. Je lui dis que fçachant me rendre juftice , je ne prendrois des complimens qu'il me faifoit, que ce qui pouvoit me convenir, ce qui les réduifant à peu près à rien , devoit le dégoûter de la peine qu'il prenoit. *Clavilord* , continuai-je, vous

F 2　　êtes

êtes plus poli que sincère ; vous croyés comme ceux de votre âge, qu'il faut trouver mon espéce jolie, & que le sçavoir vivre exige que vous l'assuriés de l'impression qu'elle fait ; mais je me déffie plus qu'une autre de ces sortes de discours que la flatterie empoisonne, & je vous avertis que je sçais les réduire à leur juste valeur ; ainsi. . . .

Votre défiance est trop injuste, interrompit-il, avec agitation, vous êtes faite, *divine Poncetti*, pour justifier les plus brillants éloges ; je ne doute pas que les connoisseurs ne vous ayent tenu le même langage ; mais j'ose vous protester que de tous ceux qui ont pris cette liberté aucun n'en a été mieux persuadé que je le suis.

Vous êtes connoisseur ! repliquai-je, tant pis vraiment, je vous soupçonnerai bien davantage de n'être pas de bonne foy si vous continués de décider si favorablement sur mon compte. Vous auriez grand tort, répondit-il, je ne puis me tromper dans le jugement que je porte, c'est le cœur qui me le dicte, sa décision est infaillible ; je puis vous assurer que vous êtes adorable,

parce

parce que je sens que je vous adorerai toute ma vie.

Malgré le plaisir que me fit cet aveu, j'hésitai un moment de répondre. Je craignois de commettre ma gloire en voulant accélérer mes plaisirs. Quelques libres que nous soyions de préjugés, nous devons quelquefois respecter ceux d'autrui ; il falloit resister au moins pour l'honneur de la victoire que je lui ménageois ; je me retranchai donc à douter.

Je ne suis pas assez vaine, lui dis-je, pour me flatter d'inspirer un sentiment pareil ; mais je suis assez défiante pour croire qu'il pourroit être l'effet d'un caprice, d'un goût frivole, qu'un même instant voit naître & s'évanoüir. . . Votre erreur est cruelle, repliqua-t-il, c'est par l'ardeur la plus vive, & la plus constante que je veux la dissiper, *belle Poncetti* ; permettez qu'en vous rendant tous les hommages que vous meritez, je vous oblige à penser plus équitablement de vous & de moi ; je me flatte d'y parvenir bien-tôt, persuadé que je ne verrai rien qui me plaise davantage , &

que

que vous ne trouverez perfonne qui vous aime mieux.

Il ne lui fut pas difficile de vaincre une défiance que l'impétuofité de ma compléxion m'empêchoit d'oppofer. Il mettoit tant de vivacité dans fes complaifances , fa tendreffe étoit fi naturelle , fes foins étoient fi vrais qu'il me parut touché nonobftant l'intérêt que j'avois de le croire. S'il m'examina à fon tour , il n'eut pas de peine à s'apercevoir combien fes progrès étoient rapides.

Tout ce qui m'éloignoit de lui m'ennuyoit à la mort ; fon retour me donnoit mille impatiences , dont le moindre retard augmentoit l'inquiétude ; fa préfence rappelloit fur le champ la vivacité & l'enjouëment qu'il avoit interrompu. Quand je l'apercevois fans être prévenuë , j'étois faifie d'un treffaillement agréable fuivi d'une langueur involontaire; s'il venoit à difparoître , mes Gardes reftoient immobiles, & fe fixoient dans l'endroit où ils l'avoient perdu de vûë. Mes Miniftres alors tomboient dans un défœuvrement total , & rêvoient fans fçavoir pourquoi. *Nafirola* n'avoit pas le mot à dire, les plaifirs que je m'exagerois, lui troubloient la cervelle, mon agitation lui étoit nouvelle; les feux dont je me fentois brûler, m'étoient inconnus, comment auroit-elle expliqué des mouvemens que je trouvois moi-même inexplicables ?

Plus j'ai réfléchi dans la fuite à cette fituation, plus je me fuis convaincuë que ce fentiment, ou plûtôt cet inftinct aveugle & cette fantaifie indépendante font des Loix dictées par une intelligence fupérieure, auxquelles il n'eft pas poffible de refifter, qu'elles font néceffaires au bien général de l'Univers & préférables aux idées diftinctes du préjugé qui leur eft contraire. Qu'on vienne après cela nous reprocher de criminelles foibleffes.

On a beau dire, le refpect nous ennuye. Je commençois à trouver les préliminaires bien longs. Je reprochois fecrettement à *Clavilord* de n'avoir pas profité de ces doux inftants, où livrés à nous mêmes, les fens d'intelligence font toûjours prêts à fe réünir pour nos plaifirs. J'avois reçû fes careffes avec

des

des tranſports qui devoient enflammer les ſiens, & lui donner l'idée de la volupté que j'adorois. Je ne lui avois pas encore pardonné d'avoir pris le change ſur une fauſſe retenuë que mes Gardes démentoient en toute occaſion ; lors qu'enfin il ſçût mériter ſa grace , en profitant de celle qui ſe préſenta.

Echauffée par des deſirs que le badinage de mon Vicaire entretenoit ; ſans ajuſtemens que ceux qui m'étoient néceſſaires pour relever les graces naïves dont j'étois pourvûë , étendüe ſur un lit de gazon dans un cabinet aſſez ſombre & toûjours verd par l'humidité d'un ruiſſeau qui moüilloit les bords de cette ſolitude ; j'en conſiderois les flots , qui tantôt ſembloient ſe diſputer à qui répandroit le frais plus promptement , & qui tantôt paroiſſant ſe calmer, s'aplaniſſoient pour retracer les images dont ils étoient ſurpris ; quand *Clavilord* parut. Dieux que ce mortel étoit ſéduiſant ! que de nobleſſe dans ſon maintien , que d'ame dans ſon action !

Il s'étoit mis ce jour là avec plus de goût que de magnificence. Ses cheveux

yeux noirs presque sans poudre & noüés galament, lui donnoient un air d'assu- rance que je ne lui avois pas encore vû. Le tein brun , animé des plus vives couleurs , les yeux noirs & pleins de feu, la bouche agréable & bien meu- blée, la plus belle jambe du monde, son amour & le mien ; étoit-ce assez ?

Serés-vous toûjours inéxorable , dit- il en se prosternant au pied du gazon où j'étois , adorable *Poncetti* ; ne vous lasserés-vous pas de donner tant d'a- mour sans en prendre ! m'aimez-vous enfin ? puis - je espérer de vous avoir rendu sensible à l'ardeur dont mon ame se consume ?

Oüi je vous aime ; lui dis-je tendre- ment, cet aveu me coûteroit trop à re- tenir, & doit céder à la satisfaction que j'ai de vous avoir inspiré une passion si vive; mais sera-t-elle durable ? *Cla- vilord* ! me feriez-vous répentir de n'a- voir pas assez combattu le goût que j'ai pour vous.

Ah ! ne doutez pas de mon cœur, re- prit-il , je chéris trop ma flamme pour ne la pas conserver , & vos charmes doivent vous répondre de ma constance.

Je cefferois de vous adorer ! continua-
t-il , en fe précipitant fur moi avec
l'intrépidité la plus féduifante , je re-
noncerois plûtôt mille fois à la lumière
qu'à mon amour.

Je me deffendois par contenance
d'une entreprife qui n'avoit pas l'air
de devenir refpectueufe , j'interrompois
par habitude les fréquentes ftations
qu'il faifoit au repofoir , dont il avoit
ôté les fleurs , comme s'il eut été ja--
loux de la place qu'elles occupoient ;
je lui laiffois baifer par diftractions
les compagnons du Vicaire , & le
Vicaire même encore chargé des par-
fums du Temple qu'il venoit de par-
courir. Tout devoit l'inftruire de mon
égarement.

Poncetti , me dit-il en foupirant,
chere *Poncetti* , que manqueroit-il à
mon bonheur , fi vous le partagiez ,
vous m'aimés... Quand le foupir qui
m'échappa , d'accord avec le fien , &
fa main que je ferrai pour toute ré-
ponfe, ne l'auroient pas perfuadé qu'il
difoit vrai ; mes Gardes qui le fixoient
avec toute l'expreffion que donnent la
tendreffe & les défirs , l'auroient fuffi-
famment

famment éclairé : eh ! qu'aurois - je
pû lui dire, l'amour m'avoit im-
pofé filence; en pareil cas on ne l'ex-
prime jamais mieux qu'en perdant la
parole.

Mais de quels feux mon ame ne fut-
elle pas embrafée ! quel trouble déli-
cieux, quel défordre dans tous mes
fens aux tranfports furieux qui l'agi-
térent dans ce moment ! j'eus beau
les partager avec la complaifance dûë
à notre mutuelle dévotion ; cette chere
Idole ne put fe placer fur l'autel qu'elle
fe deftinoit.

Je le vis ce Dieu de Lampfaque , ce
Héros charmant , les obftacles qu'il
trouva dans fon chemin avoient enflé
fon courage, de manière que le refpect
n'étoit pas le moindre fentiment qu'il
imprimoit. Loin de paroître abbattu
par la honte d'un combat inutile, une
douce fierté regnoit fur fon front ,
& les pleurs qu'il répandoit étoient
moins une marque de foibleffe que
celle d'un noble dépit.

Clavilord fûr de fon excufe, en effet elle étoit admirable, paroiffoit encore plus intrépide. Occupé de la gloire

G 2   qui

qui l'attendoit , il fe reprochoit tous les inftans qui ne tendoient pas à augmenter le trouble dont il étoit enchanté. Pour moi loin d'une décence qui pique moins les plaifirs qu'elle ne les corrompt , je livrois mes Etats fans reftriction & foumettois tout au vainqueur ; mais fa flamme n'avoit pas befoin de cette reffource ; & les beautés les plus féduifantes du païfage , ne l'arrêtérent que parce qu'il ne pût leur refufer fes éloges & fes caréffes.

Ah *Clavilord* , lui dis-je , d'une voix prefque éteinte , mon cher *Clavilord* ayes pitié de moi. Je fuis ... je fuis perduë fans remiffion , arrêtés je vous en conjure... *Clavilord* écoutés - moi donc ? voulés-vous que j'expire , cruel ! mes priéres furent inutiles ; plus il trouvoit de réfiftance , plus fa conquête lui devenoit précieufe & l'animoit à la victoire. La difficulté le rendit implacable , & rien ne l'arrêta , pas même le cry que je pouffai , dernier effort d'une victime mourante , qui annonça ma défaite & fon triomphe. Dieux ! difoit-il , Dieux ! vos raviffemens font moins doux ! enyvrée alors de mon

bonheur

bonheur, l'excès du plaisir suspendit mon action par une convulsion subite, & *Clavilord* fut comblé de gloire. Je voudrois pouvoir rendre raison de l'état où j'étois ; mais comment l'expliquer ! ceux qui le connoissent me devineront s'ils veulent, les autres imagineront une parenthèse de ma vie, ouverte & fermée par la volupté.

Si la dévotion pour la plus part des hommes est une oisiveté déguisée, une occupation languissante où le cœur sans mouvement ne prend aucune part ; c'étoit le contraire à tous égards pour mon adorateur. Son activité n'avoit point de relâche, ses priéres étoient ardentes, & son cœur dans un attendrissement continuel ne connoissoit qu'une effusion salutaire qu'il trouvoit dans des exercices que sa piété ingénieuse lui faisoit pratiquer sans ménagement. Voilà, n'en déplaise aux hipocrites du siécle, la seule véritable dévotion.

Si cette ferveur eut continué, mon sort étoit divin ; je ne me serois étudiée qu'à ranimer sa constance par les artifices qui sont en usage ; mais je fus outrée du relâchement de sa morale au

bout

bout de quelques mois ; n'étant point accoutumée à un événement qui n'est pourtant que trop ordinaire, je n'écoutai qu'un sot orgueil, qui me fit envisager comme une démarche avilissante celle où j'étois obligée de me justifier d'un reproche mal fondé qu'une ennemie lui avoit suggeré. Cette mauvaise opinion qu'il prit de moi, étoit une première faute que je devois lui pardonner en faveur de sa bonne conduite ; c'étoit une foiblesse que mon propre intérêt devoit excuser. Malheureusement j'étois de la nature de ces plantes qui séchent sur le pied, & meurent, si elles ne sont arrosées ; je regardai son refroidissement comme un crime impardonnable.

Je connois à présent le danger qu'il y a d'être si facile à écouter, si prompte à croire, si rigoureuse à exiger, & combien on doit se défier des mauvais discours. Si j'avois fait réfléxion qu'une rivale jalouse a l'esprit de travers, qu'elle ne voit rien que du mauvais côté, qu'elle ramasse tout ce qu'elle entend, & qu'elle confond tout ce qu'elle ramasse, parce qu'elle veut nuire

nuire à toute force ; je ne me ferois pas embarraſſée de redreſſer les idées de *Clavilord*, & je l'aurois conſervé malgré la mauvaiſe volonté des curieuſes ; mais j'étois ſans expérience, *Mentegiù* ne m'aſſiſtoit jamais , & j'étois broüillée avec *Naſirola*. Je rompis donc avec lui ſans ménagement, & je le mis dans l'affreuſe néceſſité de haïr ce qu'il aimoit peut-être uniquement.

Ce n'eſt que l'habitude du commerce qui fait découdre avec prudence, au lieu de déchirer bruſquement. C'étoit mon premier traité, il n'eſt pas étonnant que j'ignoraſſe les précautions qu'on devoit prendre pour le rompre. Grace à mon étourderie , je ſçais qu'en pareil cas , l'éclat eſt la choſe du monde qu'on doit le plus éviter ; que s'il eſt funeſte à l'un des aſſociés , il eſt honteux pour l'autre , & nuit également à tous deux par les ſoupçons d'inconſtance, de bizarrerie, & d'injuſtice qu'il fait naître dans les eſprits. Il eſt aſſez triſte de ſe dédire par ſa conduite, ſans ſe charger encor de l'impertinence & de la baſſeſſe qu'il y a à condamner tout haut le choix qu'on a fait. Ce qui me raſſure, c'eſt qu'on ne peut exiger que la jeuneſſe agiſſe ſur des principes contraires à la vanité & aux plaiſirs qui la décident, & que j'étois plus jeune qu'un autre. Par-là le reproche d'ingratitude tombe encor. La bonne opinion qu'on a de ſoi perſuade toûjours, que la grace qu'on nous fait, n'eſt qu'une juſtice qu'on nous rend, comme les préſens dont on nous accable, ne ſont que des dettes dont on s'acquitte.

Je n'eus pas le tems d'examiner, ſi mes mauvais procedés, & les outrages que je prodiguois à *Clavilord*, étoient un amour déguiſé ; l'empreſſement de ſon ſucceſſeur le bannit ſans le moindre mouvement de reſipiſcence.

Fervieto étoit un dévot de réputation, un voyageur diſtingué, dont le commerce auroit mis en crédit la plus miſérable boutique. Pluſieurs Temples à la mode rétentiſſoient de ſes loüanges ; heureux celui où il portoit ſon offrande. Ce Blondin parfumé ne connoiſſoit point d'obſtacles. Telle reſiſtoit

à

à l'étalage de ses manières engagean-
tes, qui bien-tôt éblouïe du brillant de
son jargon étoit subjuguée par sa libé-
ralité.

Quoique prévenuë contre les voyageurs, je me jettai dans les bras de
celui-ci. Sa naissance flattoit ma vanité,
ses richesses réveilloient mon intérêt,
sa réputation assuroit mes plaisirs.
Nulle difficulté sur les clauses de notre traité ; il n'avoit pas de tems à
perdre, ni moi non plus. Il me dit
qu'il m'aimoit beaucoup, je le crus :
nous connoissons la valeur intrinséque
de ces mots-là ; ils signifient autant
une envie de sacrifier que toute autre déclaration moins cavalière & plus
ingénieuse. Ennemi du mystére, de la
contrainte, & de toutes les délicatef-
fes importunes ; il fallut, pour me
l'attacher, penser comme lui, & suivre son exemple sans délai. Vous ne
vous plaindrés pas, lui dis-je, des
précautions que je prends pour assurer
notre commerce ; je vous aime dans
l'instant que vous le désirés, & cet
aveu ne vous coûte rien à obtenir ;
que dirés-vous de cette facilité ?

Que vous êtes vraïe , répondit - il ; c'eſt une vertu de plus dans le caractère , & du bon ton. J'aurois été furieux d'une réſiſtance ou plûtôt d'une grimace qui eſt du dernier ridicule , même en Province ; vous en auriés été la dupe , ma petite Reine : car ne gémiſſez-vous pas les premières des chagrins & des peines que vous faites eſſuyer ? oüi ſans doute , repliquai - je ; mais quoiqu'on s'imagine que ce qui coûte peu, ne vaut guéres ; dès que je ne puis me débarraſſer des peines dont vous parlés, que je ne vous en garantiſſe en même tems ; vous devés au moins pour la moitié me tenir compte de la façon dont je les abrége.

Vous avés raiſon , reprit-il en ſouriant , c'eſt tout ſimple. Je ſens toute la reconnoiſſance que je vous dois , ajoûta-t-il , en appuyant ſur mon pupître que j'avois laiſſé découvert ; j'en ſuis comblé , & je vous perſuaderai que vos bontés me ſont plus précieuſes que vous ne penſés , je ſçais comme on les merite vis-à-vis d'un auſſi bel enfant.

Croyés-vous que ce ſoit ainſi , interrompisterrompis-je, en le repouſſant, car il commençoit de s'occuper ſérieuſement. Vous n'êtes pas aſſez économe des ten- dres gradations qui conduiſent aux plaiſirs ; trouvés bon que je les mé- nage moi... finiſſez ? je vous prie, ne voulés - vous devoir qu'à vous - même un bonheur dont l'amour ſeul eſt le maître ? qu'il ſoit accordé, & non ravi s'il vous plaît, que ce ſoit une grace de ma part & non une victoire de la vo- tre.... finiſſez donc ? *Fervieto*, en vérité vous ne me reſpectés guéres. Le reſpect! mon Ange, oh! le reſpect eſt un fat, dit-il, en s'occupant toûjours, je vous aime trop pour vous traiter ſi mal.

Je voulois lui demander l'explica- tion d'une diſtinction auſſi ſingulière, & le forcer de convenir que les faveurs d'un certain genre ne perdent rien de leur mérite pour être attenduës, quand on eſt ſur que la tendreſſe ne tardera pas de les amener : mais il fut impoſ- ſible à mon Chancelier de continuer la converſation, *Fervieto* gliſſa le ſien au-delà même des barrières , & l'a- muſa ſi long - tems que ſes fonctions devinrent inutiles, quand il eut la li-
H 2   berté

berté de les faire. Egarée , perduë ,
noyée dans les plaifirs , mon ame at-
tentive aux douceurs que répandoit la
volupté , ne me permit pas de fonger
à autre chofe , & il en profita de ma-
niè e à fatisfaire fa dévotion.

A peine fut il revenu de fon égarement , qu'il m'accabla de careffes &
d'éloges. La variété & l'agrément dont
il les affaifonna , diffipérent tous mes
griefs , & m'engagérent fans réfléxion
à me prêter au badinage, & à la plai-
fanterie qu'il y mêla. Convenés , dit-
il , mon petit cœur que les cérémonies
font des formalités ridicules à plufieurs égards , & qu'on n'a jamais
mieux fait que de les bannir d'un
commerce comme le notre ; vous m'a-
vés quelque obligation , fans vanité ,
d'avoir paffé pardeffus ; je vous ai fau-
vée par-là , de petits détails que vous
auriés échapé, & que vous auriés été
fâchée de paroître ignorer.

Point du tout , répondis - je , vous
vous trompés mon cher ; l'ignorance
fied fi bien en pareille occafion , que
plus on eft inftruite , plus on affecte
de ne rien fçavoir , & je n'aurois eu
garde

garde d'être mortifiée d'une chose qui doit me faire valoir auprès d'un connoiſſeur comme vous. Mais n'eſt-il pas étonnant qu'au lieu de vous juſtifier d'une auſſi bruſque témérité, vous vouliés vous en faire un mérite.

Si les minuties dont je parle, repliqua-t-il, ſont de bienſéance & d'uſage, vous devés me ſçavoir gré de vous avoir épargné le ſoin de les remplir. Au reſte pourquoi voulés-vous que je me juſtifie dès que je ne ſuis point coupable. Comment friponne ? vous m'aimés, dites-vous, & quand je veux en acquerir une preuve, qui eſt de convention, vous me traités de téméraire ! moi, qui vous adore, & qui veut vous en perſuader ! tandis qu'inſenſible, ajouta-t-il, à l'ardeur que vous inſpirés, je puis me plaindre de votre indolence, de votre froideur, de votre immobilité, vous cherchés à détourner ce reproche par une querelle d'Allemand ; le tour eſt parfait.

Il ſeroit bien ſingulier, repris-je en riant, que je fuſſe dans mon tort ; vous verrés qu'au lieu d'accorder, il falloit offrir, n'eſt-ce pas ? auriés-vous

été

été satisfait ? non interrompit-il , en se saisissant tout d'un coup des colomnes de mon Temple , qui par ce mouvement s'ouvrit de soi-même , non ; si vous n'aviez secondé mon amour & partagé mes transports , il est clair que mon bonheur eut été imparfait , & que mes scrupules eussent subsisté , mais vous les dissiperés , *Poncetti* , de mon ame, continua-t-il , en arquant derrière soi les bases de la colonade qu'il soutenoit encore , je n'aurai que des actions de graces à vous rendre , & je serai content.

Il dût l'être en effet ; tout le monde seconda ses pieuses intentions ; mes Gens par les plus forts embrassemens, les Gardes par la plus douce langueur, les Dames d'honneur par l'incarnat le plus vif, mon Chancelier par les noms les plus tendres , par l'air le plus pur, les soupirs les plus animés ; le païs même s'y intéressa , les petites montagnes par leur gonflement & leur agitation , les grosses par leur souplesse & leur agilité ; & les autres possessions par leur douceur & leur bonne contenance.

Quels

Quels momens grands Dieux ! quels délices ! plus *Fervieto* enchanté de son yvresse me communiquoit de flammes, plus je lui rendois de plaisirs. Nos soupirs confondus, nos expressions étouffées, notre égarement, notre délire, tout peignoit le désordre de nos ames errantes, qui sembloient par leurs transports vouloir s'échanger mutuellement ; tout nous fit goûter ce que l'amour fait sentir de plus doux à des cœurs vivement pénétrés de son pouvoir suprême.

Nous nous oubliames si parfaitement dans cette occasion, & nous primes si peu de précaution dans celles qui lui succédèrent, que nous fumes apperçus en certaines attitudes sujettes à critique. *Fervieto* eut beau prêcher qu'on ne devoit point avoir honte d'une action juste en elle-même, fondée sur des principes de droit naturel, & appuyée par des décrets immuables, & qu'il falloit se mocquer des discours d'un peuple imbécile & extravagant ; je ne pouvois alors penser comme lui. L'idée de la pudeur & de l'honnêteté, lui disois-je, vient, à ce
que

que dit *Nasirola* , d'un sentiment de la
nature qui ne s'efface point, & que l'on
ne viole point impunément , je l'en
croirois assez.

Préjugé d'éducation , interrompit-
il , *Nasirola* ne sçait ce qu'elle dit , ce
sentiment n'est rien moins que naturel.
Non seulement les animaux dont l'ins-
tinct nous peut servir d'exemple , ne le
connoissent pas, comme vous le voyés
tous les jours ; mais plusieurs peuples
dans le monde l'ignorent totalement ,
& ne cherchent jamais les ténébres pour
vacquer à cet exercice réligieux; ils ne
sont à couvert que par leur innocence.

Préjugé tant qu'il vous plaira, répondis-je , dès qu'il est suivi par les nations
qui ont le plus de politesse , il est dangéreux de le choquer , il n'est pas permis de le heurter de front.

Croyés-vous , repliqua-t-il , que les
peuples dont je parle , parce qu'ils s'é-
cartent moins des règles de la nature ,
sont plus barbares que ceux, qui par
l'étenduë de leur connoissance , ou plûtôt par une vaine subtilité , ont multiplié les Loix de la bienséance & de
l'honnêteté ? vous seriés encor dans
l'erreur.

l'erreur. Je ne trouve pas moi qu'il soit dangereux de détromper les hommes à cet égard; pourquoi leur taire une vérité avantageuse ? n'est-ce pas leur rendre service que de les délivrer d'un joug d'opinion & d'habitude ? on n'a pas toûjours regardé cette nation de travers, ajouta-t-il, puisque la Justice l'a souvent ordonné, & la fait pratiquer sous ses yeux ; on avoit apparemment d'autres idées de la pudeur en ce tems-là. Il seroit bien à souhaiter, desqu'elles suivent les impressions d'une mode arbitraire, qu'elles fussent rectifiées, en sorte que nous vissions clair sur les choses qu'une vieille coutume nous envelope ; on n'achetteroit pas chat en poche, & l'on ne feroit pas tant de mauvais marchés.

Je ne serai pas l'Apôtre de cette belle reforme, repartis-je ; cependant quoique vous puissiés dire, je suis fâchée qu'on nous ait vû ; non que le soin de ma réputation m'embarrasse, ni que je trouve quelque satisfaction dans la bonne opinion d'autrui; mais j'aime ma tranquillité & je redoute les tracasseries que *Nasirola* pourroit me faire. Je devinai juste, elle souleva tout le monde contre moi.

On fut affez hardi pour me placarder par des libels auffi vifs que ceux de ce fameux fatirique, qui obligeoient les gens à fe pendre, & mes courtifans m'épargnérent moins que les autres.

Tel eft le débordement d'un fiécle corrompu ; chacun hors de fa fphére fe laffe de fon emploi, & ne s'occupe que de foins étrangers. De-là cette multitude d'écrivains licentieux qui s'imaginent que l'irréligion des Grands, la fottife des petits, l'injuftice des uns, & la vanité des autres, font des prétextes legitimes à leur mauvaife humeur. Le parti le plus commode eft de fe mettre au-deffus des mauvais difcours, & de les méprifer ; je le fuivis avec cette hardieffe impofante que l'on traita d'effronterie fi l'on voulut, je m'en mocquai, & *Fervieto* continua fans tiédeur jufqu'à la fin de fon féjour.

J'eus plufieurs affaires après fon départ, qui me donnerent beaucoup d'occupation ; leur uniformité me les fera paffer fous filence. La dernière me fit changer de nom, mais non pas de conduite, comme on va le voir dans la troifiéme Partie.

Fin de la feconde Partie.

CASSONE.

TROISIEME PARTIE.

MON culte étoit floriſſant. Sans inquiétude ſur une dévotion que le partage rendoit plus continuelle & moins dangereuſe ; je goûtois les charmes de ma ſituation dans une abondance & une ſécurité parfaite. Aſſez diſſimulée pour me plier aux différens caractères des adorateurs , & des négocians avec qui je traitois en même tems ; aſſez adroite pour leur déguiſer les caprices auxquels j'étois ſujette ; aucun d'eux ne s'appercevoit des ſecrettes préférences, par le ſoin que je prenois d'entretenir leur

zéle en général, & de flatter leurs intérêts en particulier avec les diftinctions
les moins équivoques ; j'étois fêtée,
adorée, comblée.

Mais tel eft le fort des chofes de ce
monde, leur élévation annonce leur
chûte ; le deftin ne les laiffe parvenir à
un certain point de grandeur, que pour
les en précipiter avec plus d'éclat. Je
me vis tout d'un coup réduite à *Stafievo*,
qui n'avoit pas affez de reffources pour
négocier ailleurs, & forcée malgré fon
délabrement & fa misère, de continuer
un commerce dont je faifois tous les
frais ; les autres difparurent à l'afpect
des Gardes qui s'étoient battus, & des
Dames d'honneur que la querelle avoit
fait pâlir d'effroi.

La fupreffion des hommages périó-
diques, l'extravagance de la cuifine,
le foulévement des Officiers, l'inquiétude du Chancelier, qui n'avoit de
goût pour rien ; l'ébranlement de fes
barrières, le gonflement douloureux
des petites montagnes, l'acroiffement
de leur fommet rembruni & garni de
fraifes nouvelles ; l'affoupiffement, le
chagrin & la mauvaife humeur des
Miniftres

Miniſtres furent autant de ſignes qui les perſuadérent que le Sanctuaire de mon Temple étoit fermé , que le magaſin étoit rempli, & que leurs offrandes étoient inutiles. *Staſievo* ſeul prit ſoin de la boutique ; & quoi qu'il eut moins contribué qu'un autre à la gloire dont j'étois comblée , il conſentit de la partager dans l'eſpérance de ſe rendre le maître & de diſpoſer d'un fond qui étoit pour lui un objet intéreſſant.

Naſirola étoit trop en colére pour juger des choſes équitablement, & pour ne pas les enviſager de travers. Au lieu de me complimenter ſur le ſuccès de mon négoce , & le bonheur de mon acquiſition , elle trouva mon avanture deshonorante , & me fit de vertes remontrances. J'eus beau faire valoir la néceſſité du commerce, la force de l'habitude. La fatalité de l'événement, l'irrévocabilité des Loix du deſtin , le deffaut de notre liberté , les attraits de notre dévotion , & le pouvoir du Dieu qui l'inſpire ; il fallut céder , & adopter ſes idées que *Mentegiù* s'aviſa d'aprouver.

Ce qu'on appelle vertu, diſoit-il,
n'eſt ,

n'eſt, il eſt vrai, qu'une règle de convention & d'opinion: mais cette règle
une fois établie, vous ne pouvés vous
en éloigner ſans troubler l'ordre de la
ſocieté, & ſans être blamable ; dites
tant que vous voudrés que la Loi par
laquelle on juge de la vertu ou du
vice, n'eſt autre choſe que la fantaiſie
de quelques particuliers qui n'ont pas
eu la puiſſance & l'autorité d'aſtrein-
dre le reſte des hommes à penſer comme
eux ; le principe contraire a trop de
partiſans pour être contrarié. L'appro-
bation & le blâme de nos voiſins, ſont
des motifs qui obligent à ſe conformer
aux maximes qu'ils ſuivent.

Si j'avois réſiſté, & que j'eus refuſé
de me prêter aux arrangemens que
Naſirola & Mentegiù prirent en cette
occaſion, j'aurois aliéné tous les eſprits de mon Royaume. Plus occu-
pés du préſent que des conſéquences
à venir, ils prétendirent l'un & l'autre
qu'une alliance me ſeroit avantageuſe,
en ce qu'elle mettroit ma réputation à
couvert. Les Grands ſoumirent donc
mes Etats à des Loix étrangères, &
s'obligérent par ſerment à les entretenir

con-

conformément à ce qu'elles preſcri-
voient, ſans prévoir les inconvéniens
qui reſulteroient d'une pareille union ;
ils crurent qu'il ſuffiroit de ſatisfaire
au préjugé, & que dans le cas où
j'étois, des nœuds biſarrement aſſortis
ne devoient pas les arrêter. A force de
me repéter qu'en aſſociant à l'Empire
un miſérable tiré de l'eſclavage, qui
ne ſe conduiroit que par moi, & qui
ſuivroit toutes mes impreſſions, je ſe-
rois toûjours la maîtreſſe des délibéra-
tions, & que je gouvernerois comme
à l'ordinaire ; ils me perſuadérent, en-
ſorte que je conſentis à tout ce qu'ils
voulurent. L'agrément d'un Sacrificateur dont je croïois pouvoir diſpoſer à
ma dévotion décida ſans doute de ma
complaiſance. Si j'avois pû prévoir,
combien j'aurois à décompter, je me
ferois bien gardée de ratifier un traité
auſſi ridicule. Que m'en auroit-il coûté
d'être affichée de nouveau ? qu'avois-
je à ménager ? mais il falloit remplir
ma deſtinée, & connoître l'adverſité
dans toute ſon étenduë pour joüir dans
la ſuite d'une meilleure fortune avec
plus de tranquillité.

Le

Le tems arriva où la victime que le plaisir avoit enfermé dans le Sanctuaire de mon Temple, devoit paroître pour travailler à son tour à exécuter les desseins de la Providence. Semblable au renard affamé, qui après s'être trop rassasié, ne pût sortir par l'endroit où il étoit passé ; elle avoit pris tant d'embonpoint que la *Tremenedo* malgré ses précautions à graisser les gonds de toutes les portes, eut mille peines à favoriser l'émission, ce qui la mit en si grand danger qu'on fut obligé de l'initier sur le champ sans autre cérémonie.

Les gestes de cette vieille Sibille, les paroles qu'elle marmota à voix basse ; quelques grains de sel qu'elle plaça mystérieusement ; ses différentes libations d'eau & de vin, m'auroient fait croire qu'elle vouloit renouveller le sacrifice que l'on faisoit autrefois à la Déesse *Muta* pour conjurer & éloigner la médisance en faveur du nouveau sujet que l'on vouloit garantir pendant sa vie des traits calomnieux ; mais, ayant remarqué la grande attention que je portois à cette opération ;
elle

elle m'affura que quoique la pratique ne fût pas fi ancienne, l'objet en étoit plus férieux & plus falutaire.

Elle donna enfuite tous fes foins pour faire repiquer le marbre, rechercher les pavés, réchauffer les murs par de bons enduits; elle-même empaffela les rideaux, lava les peintures & emploïa tous les fecrets de fon art pour réparer le Temple de fon mieux. Si fes lotions ne rétablirent pas les chofes comme elles étoient auparavant, ce qui étoit impoffible, au moins les mit-elle en état de m'acquerir le nom qui m'eft refté.

Ce Grec fameux qui donna des Loix à *Lacedemone*, nous connoiffoit mieux que bien des Legiflateurs, qui malheureufement pour nous, n'ont pas penfé comme lui. Il ne permettoit aux *Spartiates* d'exécuter leur traité d'union, qu'à la dérobée. Ils vivoient féparés, & il falloit que l'amour prit la peine de les réünir. Que de rufes ingénieufes ce Dieu ne fourniffoit-il pas à ceux qui prenoient fes confeils, & quel autre étoit confulté ? de-là ces feux, cette ardeur renaiffante que la

III. PARTIE.   K   con-

contrainte sçavoit entretenir parmi les associés. On ne s'éloignoit jamais qu'en prenant des mesures pour se raprocher ; on se quittoit avec peine, on se revoyoit avec plaisir. Il poussa si loin la sagacité d'esprit, qu'un vieux Sacrificateur prêtoit à son voisin, sans le moindre scandale, l'Autel qu'il ne pouvoit desservir ; comme il étoit loisible au jeune négociant dégoûté de sa boutique, de se pourvoir ailleurs, & le bénéfice de la Loi, étoit réciproque.

Je n'étois pas faite pour joüir d'un bonheur aussi grand. Dès que *Stafievo* se crut paisible possesseur de mes Etats, il oublia les obligations qu'il m'avoit. D'autant plus orgueilleux de sa fortune qu'il la méritoit moins, il s'empara de toute l'autorité avec une hauteur que je trouvois insuportable, parce que *Nasirola* la favorisoit. Son intérêt satisfait, & les raisons de politique qui m'avoient déterminé ne subsistant plus, on conçoit combien nous devions nous être à charge l'un & l'autre, la reconnoissance n'agissant pas sur lui, l'inclination ne prenant rien sur moi, & l'habitude ayant retranché nos désirs.

Pour

Pour me venger de ses froideurs, je voulus pratiquer la coutume de *Sparte* ; mais il n'avoit jamais oüi parler de *Lycurgue* ; la garde doubla, les verrouils se multiplièrent, & semblable au Chinois qui bat son Idole en l'accablant d'injures, les mauvais traittemens ne me furent point épargnés. Tel est l'effet de ces Loix tyranniques inventées par la Discorde ; telle est la source de cette affreuse jalousie, la plus détestable passion qui puisse affliger le genre humain. Celle de *Stasievo* ne pouvoit être médiocre, puisqu'elle provenoit autant de la défiance de soi-même, que de celle qu'il avoit de moi, & que ces mauvaises opinions n'étoient pas sans fondement. Il se doutoit que n'étant point aimé, parcequ'il n'étoit pas aimable, le culte Chinois me revolteroit, & que pour m'en dédommager, je prendrois le premier adorateur qui se présenteroit. Que d'inquiétudes & de tourmens pour se garantir d'un mal d'opinion ! quelle manie d'avoir en horreur la coëffure d'*Amathée*, que l'abondance accompagne. Un chasseur que la soif presse, se

 désaltére

désaltére à la première fontaine, sans s'in-
former si d'autres l'ont fait avant lui, &
sans trouver mauvais qu'ils suivent son
exemple. Comme l'arbre d'or de la
Sibylle que l'on pouvoit ébrancher sans
courir risque de le diminuer ; souffrons-
nous le moindre déchet en nous com-
muniquant, n'y gagnons-nous pas au
contraire ; si les Legislateurs qui ont
restraint le culte de nos Autels à la
desserte d'un seul Sacrificateur souverain, avoient jugé des choses par des
principes généraux, & par des idées
universelles de justice & de perfection,
nous ne serions point entrées dans le
partage des biens sur lesquels on conserve une proprieté directe, & nous
aurions été mises au rang de ceux que
l'on possede par *indivis* ; mais qu'y
faire ? ce que je fis, est-ce qu'en pareil
cas toute autre fait avec succès.

La liberté est le plus précieux avantage de notre être ; aussi se concilie-
t-elle tout le monde. Malgré la mode
du païs, on déteste volontiers les ty-
rans qui y donnent atteinte. Tout ce
qui m'approchoit à quelque titre que
ce fût, s'intéressa à ma situation, &
m'aida

m'aida de son mieux à joüir d'un privilège que la nature rend si cher. Mais à peine avois-je goûté les charmes d'un commerce clandestin, que le sort qui me persécutoit, voulut combler ma disgrace, en m'en faisant éprouver les dangers ; ils sont presque inévitables par la difficulté de connoître les négocians avec qui l'on traite.

Passeruti fort attaché à une Dame de Naples que les François, disoit-il, y avoient amené, & qui s'y étoit renduë célébre par les plus brillantes conquêtes; voulut me faire faire connoissance avec elle, dès les premiers instans de la notre ; je ne resistai point à des empressemens qui me parurent naturels, & je la reçûs avec toute la politesse dont j'étois capable. Ses complaisances & ses caresses voluptueuses me subjuguérent d'abord, je m'y livrai de la meilleure foy du monde. Mais quelle fut ma surprise ! lorsque je m'apperçus au bout de quelque tems, par le désordre épouvantable qu'elle occasionnoit, que c'étoit la sœur aînée de ma plus cruelle ennemie. On se souvient de la guerre que j'eus à soutenir

nir dans ma jeunesse, contre la cadette qui m'avoit attaqué à force ouverte. Celle-ci pour mieux fixer & assurer son usurpation, n'employa dans le commencement que la ruse & l'artifice ; elle se contenta d'agir sourdement par le moyen du traitre qui négocioit pour elle, & qui ne la servit que trop bien ; & elle ne manifesta sa mauvaise volonté qu'après que *Stasievo* que le caprice me ramenoit quelquefois, s'en fut persuadé comme moi.

Qu'on s'imagine si l'on peut la colère d'un jaloux que la raison autorise. C'étoit fait de moi, si je n'eus trouvé le secret de me dérober aux transports de sa fureur. Mais finissons un recit dont les détails ne seroient pas agréables ? il suffit de dire que m'étant refugiée chez un magicien fameux, aux enchantemens duquel les Dieux se prêtoient sans resistance, & qui menoit entre autres le fils de *Maïa* à la baguette, je me déffis par son secours d'une hôtesse incommode qui avoit juré ma perte, & dont *Stasievo* ne put venir à bout. Sa mort mit fin à notre mal.

malheureux traité , me sauva de la honte d'un instrument forgé par Vulcain , ceinture maudite qui eût été la première condition de notre racommodement , & me fit rentrer dans tous mes droits.

Je n'aurois pas été surprise de quelques traits échapés à la malignité dans une occasion où il semble permis de se donner carrière. Le premier mouvement de qui voit tomber quelqu'un, est de rire & de s'en mocquer ; mais après avoir commercé avec le secret, & les précautions qui dépendoient de moi , m'imputer un mauvais marché, me rendre pour ainsi dire responsable de l'événement, & me condamner avec les plus indignes qualifications , c'étoit une injustice si criante , que je me serois broüillée avec le genre humain s'il m'avoit été possible : j'étois à plaindre , & puis c'est tout. Car pour me reprocher de m'être exposée à un péril , que je conviens être manifeste, il falloit avoir oublié qu'on ne resiste point aux Dieux, & que celui des plaisirs est le plus puissant , que nous ne sommes pas libres,comme je l'ai déja dit, d'agir

ou de ne pas agir ; puiſque notre compléxion , notre conſtitution naturelle
eſt un obſtacle qui s'oppoſe toûjours
à notre élection, & détruit par conſé-
quent cette indifférence de choiſir ou
non, qui produit la liberté; il falloit
ne pas penſer à la force d'une habitude
affamée que l'abſtinence irrite, & dont
elle augmente le poids, à la néceſſité
& à la douceur de ſe venger d'un Sacrificateur froid ou débile qui s'aplau-
dit d'un repos outrageant, en un mot,
il falloit être incapable de réfléxion
pour me blâmer comme on le fit.

Quelque ſenſible que je fuſſe à cette
injuſtice , mes chagrins cédérent à la
ſatisfaction de diſpoſer de moi, &
d'éxécuter mes fantaiſies, ſans que *Naſirola* s'en mêla & ſe fit écouter. Aſſer-
vie à mes volontés elle obéïſſoit enfin,
ou tout au moins me faiſoit-elle grace
de ſes remontrances , ce qui étoit équi-
valant.

Le tems d'une retraite lugubre,
preſcrite par la coûtume, à l'honneur
de *Staſievo* étoit fini ; on avoit pouſſé
juſqu'au bout les grimaces convenables
malgré la triſteſſe & l'ennui qui les

ſuivent

suivent , & dont j'étois seule la victime.
mon crédit étoit tombé , & les ressour-
ces de la jeunesse notablement dimi-
nuées , je n'esperois pas de le relever
si-tôt , lorsque *Biladure* à qui mon
commerce ne parut pas aussi avilissant
qu'aux critiques amers , qui venoient
d'en faire une peinture effroyable , &
persuadé qu'une étroite correspondan-
ce avec moi le mettroit à la mode ,
me confia ses affaires & son éducation.
Je me hâtai d'autant plus vîte à conclure mon marché , qu'il se soumit de
bonne grace aux clauses que je dictai ,
& qu'il me parut propre à remplir ses
obligations. Sa jeunesse & sa figure
annonçoient une dévotion mâle &
nerveuse , son peu d'expérience , & la
douceur de son esprit , garantissoient
la confiance que j'avois lieu d'espérer ,
& j'étois sûre de le rendre constant
par mes libéralitez. Un Sacrificateur à
gages a toutes les douceurs d'un Sacrificateur en titre sans en avoir les
inconvéniens. J'eus, avant de l'admettre
quelques enfances à détruire , quelques préjugés à combattre , quelques
défauts à corriger ; ce furent autant

de préliminaires qui ne font pas fans agrément, & je ne perdis rien pour attendre. Sa reconnoiſſance l'emportoit même fi loin dans le commencement, que j'avois peine à la lui faire modérer, & à le rendre plus économe. Il regardoit les petits détails, les tendres gradations comme des minuties indignes de l'arrêter. Son ardeur impétueuſe ne lui permettoit pas de s'amuſer en chemin, il frapoit au but, & bien-tôt rentrant dans la carrière qu'il fourniſſoit avec la même rapidité, il ne ſongeoit en accumulant victoire ſur victoire, qu'à s'élever au rang des Dieux.

Lorſqu'il ſe contenta d'être exact & que les œuvres ſurrérogatoires furent retranchées, mille queſtions ſur leſquelles il falloit l'inſtruire, rempliſſoient les momens de relâche que prenoit ſa dévotion ; pluſieurs m'embarraſſérent, que j'éludai de mon mieux ; mais je ne pus refuſer à ſes inſtances les éclairciſſemens qu'il me demanda ſur le fond de notre caractère, & ſur les moyens de nous plaire.

Il eſt impoſſible, lui dis-je, de vous
ſatisfaire

satisfaire précisément ; chaque passion à ses attitudes particulières, & toutes nous agitent tour à tour si différemment, qu'on ne peut démêler celle qui nous domine ; c'est ce qui fait que notre caractère n'est point dévélopé. L'affectation d'ailleurs nous fait mentir depuis les pieds jusqu'à la tête, enforte que nous ne paroissons jamais ce que nous sommes en effet. L'inégalité, la bizarrerie, le caprice qui assiégent l'espéce humaine, sont chez nous comme dans leur centre, pour peu que la sévérité & la complaisance, la vivacité & la langueur, la douceur & l'emportem ent s'en mêlent & varient leurs mouvemens ; nous ne nous ressemblons plus d'un moment à l'autre, nous sommes une énigme indéchiffrable.

Je croyois répondit-il , qu'il n'y avoit de différence entre les belles que celle des traits & des agrémens, & que quand on en connoissoit une dans le fond, on les connoissoit toutes. Non, non, repris-je ; quoique l'amour du plaisir, l'envie démésurée de se distinguer & de plaire, le dépit secret de

n'être

n'être pas préférée , soient essentiels à notre constitution,& que tout le monde sçache qu'ils en font nécessairement partie ; tant d'autres passions ajoûtent à celles-ci , elles y répandent des nuances si délicates , nous nous déguisons si bien , qu'il est impossible de fixer le caractère qui nous est propre. Tel a crû nous connoître après nous avoir étudié toute sa vie dans un cercle distingué, qui s'est vû à la fin trompé par une Grizette dont il a été la dupe.

Faute de pénétration apparemment, interrompit-il , car il me semble qu'un homme d'esprit doit bien-tôt sçavoir à quoi s'en tenir. Point du tout , repartis-je , on se défie d'un homme d'esprit, il distinguera bien la voluptueuse de la délicate, la tendre de l'emportée , la spirituelle de la moins pénétrante , voilà tout l'avantage qu'il aura. si vous supposés qu'ayant affaire à quelque innocente qui n'auroit pas l'art de se masquer , il pourra la démêler aisément , vous vous tromperés encore. La nature ne refuse à aucune de nous l'esprit qui lui est nécessaire pour arriver à son but , & l'on ne trouve point

point d'Agnés affez fotte pour refter court. Je conviens que plus nous avons d'efprit plus nous avons de facilité à rendre nos bizarreries refpectables , & à cacher nos artifices ; mais fçachez *Biladure* que la plus ignorante a pour cela une provifion d'intelligence qui n'eft jamais en deffaut , & que la faga-acité la plus vive n'eft pas capable de lui donner le change.

Provifion d'intelligence tant qu'il vous plaira , reprit-il , fi j'avois bien refolu de vous connoître par exemple , vous avec toute votre fineffe , croyés - vous que je n'en vinffe pas à bout ? Je n'ai jamais prétendu me dérober à votre pénétration , repliquai-je , je ne fuis pas dans le cas de diffimuler avec vous , encor moins de redouter vos lumières; car plus vous me connoîtrés , plus ma vanité fera fatisfaite ; mais mon exemple eft inutile ici ; il s'agiffoit de contenter votre curiofité fur notre caractère en général ; que vous importe la connoiffance que vous croyés avoir du mien en particulier? je ne vous confeille pas d'en tirer des conféquences par raport aux autres. Ce que je puis vous

dire ,

dire, c'eſt que vouloir nous deviner, n'eſt pas le moyen de nous plaire.

Vous rendez, dit-il, l'entrepriſe ſérieuſe : je commence à croire qu'il y auroit de la préſomption à ſe flatter de réüſſir : en effet, ſi quelqu'un dans des mers inconnuës, vouloit ſans une ſonde à la main, naviger à travers mille écueils, il s'expoſeroit à un naufrage certain ; & à moins que le hazard ne le favoriſât, il auroit toutes les peines imaginables de s'en tirer.

Oüi, mon ami, lui répondis-je, oüi, vous croyez badiner. Pour vous rendre des hommages qui ſoient de notre goût, il faut le connoître auparavant, ſans quoi l'on court riſque de ne pas nous ſervir à notre gré ; ſi l'on nous plaît ſans cette connoiſſance, c'eſt par un pur effet du hazard. L'amour, il eſt vrai, leve quantité d'obſtacles, & avec ce Dieu l'on peut tout tenter; mais pour être aimé, il faut être aimable; voilà le point. Notre bizarrerie quelquefois diſpenſe de cette qualité, n'importe, c'eſt le moyen le plus univerſel pour réüſſir avec celles qui ont le ſens commun.

Ce

Ce point -là, interrompit-il, n'eſt pas ſi aiſé ; ne ſemble-t-il pas que l'on aquiert cette qualité là ſans difficulté. Aſſurément pourſuivis-je, rien n'eſt ſi facile, écoutés-moi ! notre imagination nous prête des graces que nous n'avons pas ; flattés cette erreur ? aidés à nous tromper ! loüés ſans ménagement ? nous ſommes toûjours la dupe des loüanges qu'on nous donne, parce que nous ſommes perſuadées que nous les méritons. Sans défiance de notre conduite, ſans précaution pour l'éclairer, que votre jalouſie ne ſoit qu'un témoignage circonſpect de la crainte où vous êtes de nous perdre. Tendres, ſoumis, empreſſés ; cherchés à nous ramener par des ſoins, & non par des murmures ? reſpectés nos inégalités ? adorés nos caprices ! vous ſerés aimables. Ennuyées de ce que nous poſſedons, paſſionnées pour ce que nous n'avons pas, ſatisfaites notre goût ? aprouvés-le ? prévenés-le, s'il eſt poſſible. Quelque préſomption que nous ayons ſur notre beauté, nous redoutons les charmes d'une rivale, fuſſent-ils au-deſſous des notres ; decriés-là ? ſaiſiſſés l'endroit foible

foible & propre à l'attaquer , frondés sa conduite pour donner du relief à la notre ; en un mot, sachés vous plier à toutes nos passions , & variés - les à notre fantaisie , c'est le secret de vous rendre aimables, & de nous plaire par conséquent ; si vous êtes amusans sur tout.

Encor une condition , s'écria-t-il ? mais comment la concilierés-vous avec ce que je vous ai oüi dire ; vous m'avés apris qu'on n'étoit jamais moins amusant que quand on vouloit le paroître ; en vérité , vous dites tout ce que vous voulés.

Je ne me dédirai pas repartis-je. Un plaisant qui a force de machine voudroit rejoüir une compagnie de gens sensés , vrais & modestes, perdroit son tems , & n'auroit aucun rieur de son côté ; mais avec nous ce rôle est nécessaire , & vous le trouverés d'une facilité qui vous étonnera. Pour cela point de timidité ? elle corrompt les talents : c'est une vertu modeste qui satisfait d'abord , mais qui ennuye à la fin. Ayez au contraire une si grande confiance en vous même , qu'elle puisse étayer l'opinion la plus ridicule ?

quand

quand on paroît perſuadé de ſon mérite, on en perſuade aiſément celles qui n'aprofondiſſent rien, & le monde en eſt plein. Soyés vif juſqu'à l'étourderie ? badin juſqu'à la frivolité ? aiſé juſqu'à l'indécence. Parlés de tout ? décidés de tout ? nous n'exigeons pas que l'on ſçache, que l'on raiſonne, que l'on penſe ; ainſi nulle difficulté à parler à tort & à travers, & à décider de même, parlés toûjours ? on ne manque pas d'étoffe pour faire ſon apologie, & pour draper ſes voiſins. Soyés enfin, ſi vous pouvez, ricaneur, bouffon, turlupin, & aſſez ſingulier pour ne reſſembler à perſonne, c'eſt là le merite par excellence, le dernier dégré de perfection.

Je ne vous cache rien comme vous voyés parce que je vous connois dévot, que vous n'êtes pas dans le cas de préférer la plus aimable à la plus reconnoiſſante, & que je me flatte que mes bontés vous ont fixés. Ne me donnés jamais lieu, mon cher *Biladure*, de me répentir de ma complaiſance, en vous voyant pratiquer une leçon, qu'il eût été plus prudent de vous refuſer. Ah ! *Caſſone* , n'ayez pas peur , reprit-il , en ſe diſpoſant à un acte de dévotion, je vous raſſurerai ſi ſouvent... eh non, non, finiſſez, lui dis-je , en m'arrangeant ; je ſuis ſans allarmes à préſent, *Biladure* je t'en prie , laiſſe moi ? non ... je te le défens ... fripon !.. je ne veux pas ... l'entrée de mon Temple étoit ſi aiſée, qu'une reſiſtance plus ſérieuſe auroit été inutile. Perdu de tranſports comme il étoit, je ne vis rien de mieux que de partager ſa piété en me livrant à ſon zèle. Telle étoit ordinairement la fin de nos converſations , & ſa curioſité les rendoit fréquentes.

Je me plûs tant à l'inſtruire, je m'attachai ſi fort à cultiver ſes bonnes diſpoſitions , que mon chagrin fut extrême , lorſque des ordres ſupérieurs me l'arrachérent. Il m'en coûta des peines infinies pour m'accoutumer à ſon abſence. Les Lettres ſont des reſſources dans le Commerce ; nous l'entretinmes quelque tems par-là , & mon premier Miniſtre ne manqua jamais de faire honneur aux ſiennes à la première vûë ; mais c'eſt un foible ſoula-
gement

gement ; des intérêts auffi chers que les nôtres doivent être ménagés de plus près. Quand je vis que les defcriptions les plus tendres de ma langueur & de mes ennuis , les reproches les plus vifs de fon indifférence & de fes lenteurs , les plaintes les plus touchantes , l'emportement le plus paffionné , ne hâtoient point fon retour, je cherchai des confolations plus réelles.

Mutolite m'avoit rendu des foins que j'avois négligé ; le befoin de diftractions où j'étois alors , m'y fit prêter attention , dans le deffein de le rendre plus empreffé , & je réüffis. C'étoit un de ces êtres *Amphibies* , moitié facré , moitié profane , qui comme nous affervi à toutes les modes , voluptueux par fiftême , orgueilleux par habitude , étourdi par contenance , & minaudier par état , réüniffoit quelques talens hermaphrodites. Quoiqu'il fut la reffource de la plupart des Temples abandonnés , dans le fond il n'étoit pas fort occupé. Un adorateur de profeffion fe fait cent affaires fans en avoir une. Sa répu-

 tation

ration de légéreté & d'indifcrétion l'avoit mis en difcrédit; mais j'étois preffée, & fes foupirs me paroiffant vrais, (ils font ordinairement les interprétes d'un cœur touché) j'acceptai fon hommage.

La curiofité avoit plus de part à fes empreffemens que la dévotion, puifqu'il attendoit fans inquiétude l'occafion de l'exercer. Cette criminelle indolence ne répondant point à l'impétuofité de mes défirs, irrités de l'abfence de *Biladure*, je ne fongeai qu'à l'en guérir, en ranimant fon ardeur convenablement à mes principes. Jamais perfonne n'a eû plus d'adreffe pour faire naître fans affectation le moment favorable; je l'amenai au point où je le voulois par des difpofitions fi naturelles, que ce fut au hazard feul qu'il dut l'attribuer.

Plus l'efpérance de joüir d'un bien eft prochain, plus l'impatience de le poffeder eft vive. Il remarqua fans doute la mienne à travers les grimaces que nous fuggère une fauffe décence; elles ne l'arrêterent en aucune façon, fon

début

début fut digne de lui. Plus éclairé
que certains Philosophes qui peignent
la volupté debout ou assise, il la vouloit étenduë, lui. Il me fit prendre cette
attitude si brusquement que je ne me
serois pas aperçûë de l'air d'insulte
qu'il y mit, si la suite ne me l'avoit
rappellé. J'aurois été la dupe de ses
éloges, tous cavaliers qu'ils étoient,
& ses caresses quoique rapides m'auroient séduite, tant j'avois envie de
l'être ; mais après avoir détaillé, touché, examiné les choses les plus capables d'exciter la piété, sans qu'il pût
parvenir à en montrer le moindre
échantillon ; je ne pus douter que ses
feux ne fussent de misérables feux
d'artifice, qui méritoient toute mon
indignation.

Quelle insolence ! lui dis-je, en me
débarrassant tout au plus vîte d'un far-
deau qui m'étoit odieux ; pour qui
me prenez-vous, je vous prie ? me
croyés-vous faite pour être insultée de
la sorte ! à Dieu ne plaise, répondit-
il, aussi hardiment que s'il n'eût pas
fait une sottise, c'est pour être adorée ;
mais je suis surpris que vous preniés

pour

pour un outrage , l'ardeur que l'on a de sacrifier sur vos Autels , ardeur que vous inspirés , & qui se trouve justifiée par tant de charmes.

Sortés promptement , repris-je , en colére , ou je vous fais jetter par les fenêtres. Je me doutois bien que vous joindriés l'impertinence du propos à l'indignité de l'action , sortez ? mes Gardes exprimoient l'altération & la fureur où j'étois de manière à le persuader que je voulois être obéïe , & que les fadeurs qu'il commençoit de débiter fort humblement , lui serviroient aussi peu que les excuses qu'il avoit à me faire ; aussi les retranchat-il , & me vis-je délivrée sur le champ de ce bizarre animal ?

On n'est point insensible à la privation d'un bien que garantit l'opinion que l'on a de ses charmes. C'est fausse délicatesse , vanité déguisée , & mauvaise foi , d'assurer que l'idée du plaisir amuse plus que le plaisir même ; j'avouë que je ne sçais point rafiner la volupté jusques-là , je préfere la réalité aux apparences , & je regarde l'inertie d'un *Mutolite* , comme l'af-

front

front le plus sanglant qu'on nous puisse faire.

J'aurois dû juger par-là que le tems qui détruit les plus beaux édifices, n'avoit pas épargné les miens, & m'annonçoit la décadence de mon Empire. Cette réfléxion digne de *Nasirola*, devoit dès-lors m'inspirer le goût de la retraite. Qu'il est difficile de la faire à propos, & qu'il en coûte pour se rendre justice. Nous avons beau cacher nos années, il est impossible d'en reparer l'injure, & l'on s'en aperçoit toûjours trop tard.

Cependant l'amour du plaisir ne s'éteint pas avec la jeunesse ; c'est un flambeau qui conserve son feu dans l'agitation continuelle, il résiste tant qu'on sçait l'occuper. De même que la chaleur de l'air poussée par la qualité contraire, se retire & acquiert de nouvelles forces dans les lieux souterrains : de même ce Dieu chassé par l'arrière saison se retire & se concentre chez nous, où il réunit toute sa vigueur. *L'antiperistase* arrête la vieillesse sur les bords du Temple, & y maintient les jeunes désirs à l'abri de la critique.

tique. Ne voit - on pas des montagnes dont les sommets sont couverts de neige, tandis que les cavernes sont pleines de feu. Qu'on ne soit pas surpris de me voir tenter une autre avanture, & risquer une nouvelle humiliation.

Rubego n'étoit pas galant, mais il étoit poli. Il obligeoit de bonne grace, & plaisoit par sa franchise. Quoique déja sur le retour, sa Philosophie ne l'empêchoit pas de s'égayer, il aimoit le plaisir, & sçavoit le détailler. Il passoit parmi nous pour un hérétique d'autant plus dangéreux & plus décidé, qu'étant Florentin avec beaucoup de sçavoir & d'expérience, il ne s'étoit point embarrassé de nous faire changer d'opinion, & de se donner une meilleure réputation. Pour rassurer la mienne dont le délabrement augmentoit de jour en jour, il falloit un coup d'éclat. Parvenir à vaincre son endurcissement, lui faire prendre la bonne voye, le rendre vraiment dévot, le convertir enfin, eût été pour moi de la dernière importance, & l'événement le plus capable de me remettre sur un bon pied.

Déja

Déja son assiduité, sa politesse, &
d'adroites complaisances; déja l'aveu de
son goût pour moi, le badinage auquel
il se prêtoit, conformément à l'usage,
& mille petits soins flatteurs annonçoient un Prosélite, & me faisoient espérer que je triompherois à la fin. J'a-
vois à faire au plus subtil, au plus ferme pilier de sa secte ; il me trompa.

Après m'avoir juré que le plus tendre amour étoit son *Pilote*, & que
je serois enchantée d'être à son bord ;
il déplia ses voiles avec une légéreté
infinie, mit ses manœuvres en état de
faire route, & commença de louvoyer
à la faveur *d'Eole*, que peut-être je
sécondai par quelques soupirs. Son
abordage contraire à celui de *franc-éta-*
ble ne m'étonna point, je le connois-
sois ; mais dans le tems que je le
croyois prêt à tenir le largue, & que
la *Boussole* à la main, quoiqu'il n'eut
à craindre aucune déclinaison, je m'attendois à une abjuration solemnelle ;
il revira sous le vent, prit la *Bouline*
à revers, & m'amarra si étroitement,
que malgré les cris, les injures & les
reproches de l'insulte cruelle qu'il fai-

soit à la nature, aux portes de son Temple ; je ne pus l'empêcher d'aborder à la
Grotte voisine, & d'y moüiller après
une navigation qu'il trouva charmante.

Il eut le front de me soutenir que sa
réligion étoit fondée sur l'ordre & la
justice distributive, qui deffend toute
inégalité dans un partage d'associés au
même commerce. Le plaisir , dit-il,
étant l'objet du notre , doit être également distribué , ce qui n'arrive pas
dans l'usage ordinaire, suivant la décision de celui qui fut consulté par Jupiter & Junon sur cette matière , puisque de dix portions dont cet arbitre
composa la masse voluptueuse, il en ad-
jugea neuf à la *Déesse*. Des principes
plus judicieux, continua-t-il, nous ont
déterminés à prescrire entre nous les
sociétés *Leonines*. Pour agir en con-
formité , & remettre les choses au point
d'égalité où elles doivent être , n'est-il
pas naturel que nous prenions un chemin où nous trouvons une compensa-
tion équitable.

Quelque spécieux que fut son rai-
sonnement , quelque ardente que parut
sa reconnoissance , quelques flatteurs
que

que fuſſent ſes éloges , quelque char-
mé qu'il ſe montra de ſon voyage ,
malgré l'apologie qu'il en fit d'après
les Peres de ſon Egliſe , qui la nomment
œuvre divine, *Meſtier divino* , je trouvai mon *Rubego* déteſtable , & ne voulant point partager ſon abomination ,
je finis avec lui , d'autant plus vite,que
Biladure devoit retourner dans peu.

Il revint en effet ; mais inſtruit par
quelques indiſcrets de ma correſpon-
dance avec *Rubego* pendant ſon abſence , peut-être par *Mutolite* même , le
plus grand ſcélérat de la terre ; l'ingrat,
le perfide *Biladure* abandonna ſa *Caſſone*.
Nul effort ne put le retenir. Mes Fac-
tures furent divulguées de manière qu'il
n'y eut ſi petit Négociant qui n'en fit
des commentaires ſcandaleux , & je fus
ſacrifiée ſans miſéricorde. Pour juger
de l'horreur d'une pareille ſituation , il
faudroit l'avoir ſentie. J'aurois ſuccom-
bé ſous le poids de tant d'amertumes ,
ſi dans mon propre fond , je n'eus trouvé des reſſources à oppoſer.

Naſirola m'offrit le jeu comme une
paſſion artificielle , capable de me dédommager de celle avec qui j'étois
forcée

forcée de faire divorce. Quelle différence! cependant le mouvement & l'a-
gitation de l'ame nous étant essentiels,
j'acceptai ses offres. Avec les dispositions
que j'avois pour la filouterie, je ne fus
pas long-tems dupe. Le propre du mérite est de se distinguer de plus en plus :
je devins célébre, & je fus recherchée
des plus gros joüeurs.

Les incidens de ce nouveau genre de
vie, & les circonstances particuliéres de
la mission de deux *Servittes* que je
subjuguai en même-tems, fortifieroient
sans doute mon apologie; mais en vérité je suis lasse de dicter, & puis l'on
sçait bien que l'on meurt comme on a
vécu.

Fin de la troisiéme Partie.